**Kohlhammer**
**Urban**
-Taschenbücher

Band 188

Ulrich Im Hof

# *Geschichte der Schweiz*

**Mit einem Nachwort von
Kaspar von Greyerz**

**Siebte Auflage**

**Verlag W. Kohlhammer
Stuttgart  Berlin  Köln**

**Die Deutsche Bibliothek – CIP-Einheitsaufnahme**

**Im Hof, Ulrich :**
Geschichte der Schweiz / Ulrich Im Hof. – 7. Aufl.. –
Stuttgart ; Berlin ; Köln : Kohlhammer, 2001
   (Urban-Taschenbücher ; Bd. 188)
   ISBN 3-17-017051-1

Umschlagbild: Uhrwerk, Kupferstich aus der »Encyclopédie« (Paris 1765).
Die Uhrenindustrie wurde bereits im 18. Jahrhundert zu einem bedeutenden Exportzweig.

Siebte, erweiterte Auflage 2001
Sechste Auflage 1997
Fünfte, verbesserte und erweiterte Auflage 1991

Umschlag: Data Images GmbH
Gesamtherstellung:
W. Kohlhammer Druckerei GmbH + Co. Stuttgart
Printed in Germany

# Inhaltsverzeichnis

*Die Eidgenossenschaft der Kantone in ihrer ehemaligen (17. Jahrhundert)
und heutigen Zusammensetzung.*
(Vgl. Karten S. 52 und S. 118)

Orte (Souveräne Kantone):

Zürich, Stadt, reformiert; heute Kanton Zürich.
Bern, Stadt, reformiert; seit 1798/1803 Kantone Bern, Aargau, Waadt.
Luzern, Stadt, katholisch; heute Kanton Luzern.
Uri, Land, katholisch; heute Kanton Uri (ohne Leventina).
Schwyz, Land, katholisch; heute Kanton Schwyz.
Unterwalden, Land, katholisch; Halbkantone Ob- und Nidwalden.
Glarus, Land, paritätisch; heute Kanton Glarus.
Zug, Stadt und Land, katholisch; heute Kanton Zug.
Freiburg, Stadt, katholisch; heute Kanton Freiburg.
Solothurn, Stadt, katholisch; heute Kanton Solothurn.
Basel, Stadt, reformiert; seit 1833 Halbkantone Basel-Stadt und -Land.
Schaffhausen, Stadt, reformiert; heute Kanton Schaffhausen.
Appenzell, Land, paritätisch; seit 1579 Halbkantone Ap.-Inner- u. Außer-
    rhoden (kathol. bzw. reformiert).

*Zugewandte Orte* (mit den Kantonen verbündet):

Abtei St. Gallen, Fürstentum, paritätisch; 1803 zum Kanton St. Gallen.
Stadt St. Gallen, reformiert; 1803 zum Kanton St. Gallen.
Biel, Stadt, reformiert; 1814 zum Kanton Bern.
Mülhausen, Stadt, reformiert; 1798 Frankreich (Dép. Haut-Rhin).
Rottweil, Stadt, katholisch; heute Baden-Württemberg (Deutschland).
Neuenburg, Fürstentum, reformiert; 1814/48 Kanton Neuenburg.
Bistum Basel, Fürstent., paritätisch; 1815 zu den Kantonen Bern und Basel,
    1978; Norden: Kanton Jura; 1991 Laufental zum Kanton Baselland.
Genf, Stadt, reformiert; 1814 Kanton Genf.

*Schirmherrschaften* (Protektorate verschiedener Kantone):

Gersau, Dorfrepublik, katholisch; 1803 zum Kanton Schwyz.
Engelberg, Abtei, katholisch; 1815 zu Obwalden.
Rapperswil, Munizipalstadt, katholisch; 1803 zum Kanton St. Gallen.

*Gemeine Herrschaften* (Kondominien):

Baden, paritätisch (8 Orte); 1803 zum Kanton Aargau.
Freiamt, katholisch (7 Orte); 1803 zum Kanton Aargau.
Thurgau, paritätisch (7 Orte); 1803 Kanton Thurgau.
Rheintal, paritätisch (8 Orte); 1803 zum Kanton St. Gallen.

Sargans, paritätisch (7 Orte); 1803 zum Kanton St. Gallen.

Lugano, katholisch (12 Orte); 1803 zum Kanton Tessin.

Mendrisio, katholisch (12 Orte); 1803 zum Kanton Tessin.

Locarno, katholisch (12 Orte); 1803 zum Kanton Tessin.

Valle Maggia, katholisch (12 Orte); 1803 zum Kanton Tessin.

Bellinzona, katholisch (UR, SZ, NW); 1803 zum Kanton Tessin.

Riviera, katholisch (Uri, Schwyz, Nidwalden); 1803 zum Kanton Tessin.

Blenio, katholisch (UR, SZ, NW); 1803 zum Kanton Tessin.

Schwarzenburg, reformiert (Bern und Freiburg); 1798/1803 zum Kanton Bern.

Orbe-Echallens, paritätisch (BE/FR); 1803 zum Kanton Waadt.

Grandson, reformiert (BE/FR); 1803 zum Kanton Waadt.

Murten, reformiert (BE/FR); 1803 zum Kanton Freiburg.

Uznach, katholisch (Schwyz und Glarus); 1803 zum Kanton St. Gallen.

Gaster, katholisch (SZ/GL; 1803 zum Kanton St. Gallen.

*Freistaat der Drei Bünde,* demokrat. Föderation von 52 Gerichtsgemeinden, par.; 1803 Kanton Graubünden. Gemeine Herrschaften: Veltlin, Chiavenna, Bormio, kath.; 1797 Lombardei, heute Provinz Sondrio (Italien).

*Republik Wallis,* demokrat. Föderation von 7 »Zenden«, kath. 4 Gemeine Herrschaften im Unterwallis, kath.; 1814 Kanton Wallis.

# 1. Vorgeschichte des schweizerischen Gebiets

## 1.1 Der historische Raum

Die Schweiz erscheint heute als geographische Einheit im mittleren Europa, begrenzt durch Alpen und Jura, Boden- und Genfer See. Dieser Raum war vor dem Entstehen der Eidgenossenschaft nie eine Einheit gewesen, weder politisch, noch sprachlich, kulturell oder wirtschaftlich. Lange Zeit liefen Grenzen durch dieses Gebiet, die erst allmählich verschwinden sollten oder, z. B. hinsichtlich der Sprache, erhalten geblieben sind. Erst zwischen 1350 und 1450 entstand hier ein einheitliches Staatswesen, dessen Anfänge ins 13. Jahrhundert reichen und dessen Umfang im 16. Jahrhundert vollendet war. Was sich vor der Staatsgründung abgespielt hat, soll nur in ganz groben Strichen nachgezeichnet werden, vor allem im Hinblick auf Vorgänge, welche später in der schweizerischen Geschichte ihre Wirkung hatten oder noch haben.

## 1.2 Die Zeit bis zum Ende der römischen Herrschaft

Verschiedene urgeschichtliche Epochen von Jahrtausenden mit zahlreichen Funden zeugen von menschlicher Kultur in diesem Raum. Mit dem 16. Jahrhundert v. Chr. ist die Landnahme bis in die alpinen Gebiete hinein vollzogen. Dann wird die Besiedelung durch die Kelten faßbar, die schließlich die westlicheren Teile des Gebietes in Besitz haben, während der Osten den Rätiern gehört. Im Mittelland und nördlich des Rheins siedelt der keltische Stamm der Helvetier. Diese Helvetier beteiligten sich um 100 v. Chr. an germanischen Zügen ins Römische Reich, dessen Grenzen damals schon ins Hinterland von Como und an den Genfer See vorgeschoben worden waren. Der Griff Roms auf die Stammgebiete der Helvetier wurde durch deren Auszug von 58 v. Chr. ausgelöst. Die Helvetier wollten germanischem Druck ausweichen, suchten neues Siedlungsgebiet in Gallien, wurden aber durch Caesar bei Bibracte (etwa 180 km westlich des Juras, in der Nähe von Autun) geschlagen und zur Wiederansiedlung im alten Gebiet gezwungen. Dies geschah allerdings durch einen Vertrag, der den Helvetiern Privilegien verlieh und sie als autonomen Stamm unter römischer Oberherrschaft anerkannte. Caesars helvetische Aktion stand im Rahmen des großen Kriegs in Gallien. Sie fand ihre Fortsetzung 15

v. Chr. in der Eroberung des ganzen Alpenraums durch Tiberius und Drusus, im Auftrag des Kaisers Augustus. Fortan war das ganze Gebiet der späteren Schweiz ein Teil des römischen Imperiums. Mittendurch zog sich die Provinzialgrenze zwischen der Gallia belgica und der Raetia, am Rhein bei Tasgaetium (Eschenz) beginnend, südwärts über Ad Fines (Pfyn) und Castrum (Gaster), dann westwärts dem Alpenkamm nach, um zwischen Viviscum (Vevey) und Lousanna (Lausanne) den Genfer See zu erreichen. Nördlich und westlich dieser Grenze, d. h. im heutigen Mittelland lag das Gebiet der Helvetier.

Für ein Vierteljahrtausend stand man hier im Genuß des Kaiserfriedens, wohlabgeschirmt durch das Dekumatland mit seinem Limes germanicus. Einige Städte, die bedeutendste war die römische Bürgerkolonie Aventicum (Avenches) entstanden, und der ganze ländliche Raum war von Gutshöfen, Villen, durchsetzt. Die Bevölkerung blieb im Grundstock keltisch, latinisierte sich aber teilweise durch römische Einwanderung. So gesellten sich zu den überlieferten Sitten und Bräuchen der Kelten römische Lebensführung und römischer Kultus. Diese ruhige Zeit brach jäh ab mit dem Alemanneneinfall von 259/60, der zur Zerstörung aller größeren und kleineren Örtlichkeiten nördlich der Alpen führte. Zwar konnten die Römer die Rhein-Donau-Grenze wiederherstellen, doch Helvetien und Rätien wurden zu durchmilitarisierten Grenzgebieten, die wiederaufgebauten Städte enger konzipiert und auf Verteidigung zugeschnitten, der Lebensstil weit bescheidener. Die goldenen Zeiten des Altertums waren vorbei. Eine Neueinteilung des Reiches durch Diocletian um 300 änderte hier nicht viel: Das helvetische Stammgebiet wurde zur Civitas in der Provincia Sequania, dies- und jenseits des Juras, Rätien zweigeteilt, wobei die Raetia Prima den östlichen Teil (Bodenseegebiet, Vorarlberg, heutiges Graubünden und oberes Tessin) bildete. Das bisher rätische Wallis kam zur Westalpenprovinz Alpes Graiae et Poenninae.

Damals organisierte sich auch in diesem Teil des spätrömischen Reichs die christliche Kirche. Es entstanden die Bistümer Genf, Octodurus (Martigny im Wallis), Aventicum, das Doppelbistum Augusta Rauracorum/Basel, Vindonissa und Chur.

Nach dem Alemanneneinfall konnte die Nordgrenze immerhin noch für 150 Jahre gehalten werden, bis die Bedrohung Roms durch die Westgoten um 400 dazu zwang, die Truppen nach Italien abzuziehen. Man überließ das Gebiet sich selbst. Die wirtschaftlichen und kulturellen Beziehungen nördlich der Alpen mit Italien sollten abbrechen. Die Bistümer jedoch bestanden weiter.

Karte 1

## 1.3 Vom römischen Imperium zum Heiligen Römischen Reich

In den letzten fünfzig Jahren römischer Herrschaft begannen sich
im Westen die Burgunder, im nordöstlichen Teil die Alemannen
niederzulassen. Diese zwei germanischen Völker sollten sich jedoch nur für kurze Zeit politischer Selbständigkeit erfreuen. Denn
nun traten in der ersten Hälfte des 6. Jahrhunderts die Franken-
bzw. die Merovingerkönige in Roms Nachfolge als Oberherren

13

über Burgunder und Alemannen. Später, um 773/74, wurden auch die in die Poebene eingedrungenen Langobarden dem Frankenreich einverleibt. Als Nachfolger der Merovinger organisierten die Karolinger im 8. Jahrhundert ihr Großreich straffer. Aus der Kombination römischer Verwaltungstradition und der germanischen Sippenverfassung ergab sich das adlige Feudalsystem, getragen von der fränkischen Reichsaristokratie, halb Beamte, halb Sippenführer, die sich bald auch im alemannisch-burgundischen Raum durchsetzten. In dieses System wurden auch die Bistümer als Regionaleinheiten, die Klöster als besondere Stützpunkte eingebaut; all dies ausgesprochen agrarisch, denn die römischen Städte waren klein geworden, wie etwa Aventicum, wenn sie nicht überhaupt, wie Vindonissa oder Augusta Raurica, dem Zerfall anheimgefallen waren.
Die fränkischen Reichsteilungen des 9. Jahrhunderts stellten alte Verhältnisse im alemannisch-burgundisch-langobardischen Grenzgebiet wieder her. Die Züge der Sarazenen, die zwischen 940 und 980 bis ins Wallis gelangten und der Ungarn, die 917 Basel, 926 St. Gallen zerstörten, brachten erneut Unsicherheit. Zwischen 950 und 1030 gelang es den deutschen Königen, die selbständig gewordenen Teile wieder in das Imperium einzufügen.
Mochte die Oberherrschaft wechseln, all diese Jahrhunderte hindurch waren Burgund, Alemannien, Rätien und die Lombardei, sei er als Königreiche oder Herzogtümer, in irgendeiner Form erhalten geblieben und hatten den Charakter der Völkerschaften geprägt.

## 1.4 Die Raetia Prima

Das Gebiet, in welchem sich römisches Wesen weitaus am längsten erhalten konnte, war die Raetia Prima, welche ungefähr dem Umfang des Bistums Chur entsprach und sich vom Bodensee bis in die Täler südlich der Bernina erstreckte. Auch unter fränkischem Einfluß erfreute sich die Raetia Prima weitgehender Selbständigkeit. Die einheimische Dynastie der Victoriden sicherte sich in der Funktion von Präses und Bischof die Kontrolle über wichtige Alpenpässe. Die Lex Romana Curiensis hielt das Recht dieses Volkes fest, dessen Sprache, ein von rätischen Elementen durchsetzter lateinischer Dialekt, im ganzen östlichen Alpenraum, vom Gotthard bis ins Friaul, gesprochen wurde. Die Leitung des Bistums Chur und damit Rätiens ging im 8. Jahrhundert an fränkische Reichsadlige über und damit wurde das Gebiet stärker ins Gesamtreich eingegliedert. Es sollte zu einem bedeutenden Reichsbistum im Herzogtum Schwaben werden. Wichtige Stützpunkte waren die Klöster Pfäfers und Disentis. Die führende Adelsschicht war deutscher Sprache, und allmählich drang das Alemannische vom Bodensee her in die alte Raetia Prima, das Bayrische in die Raetia Secunda ein. Doch erwies sich das »Churwelsch« in den Alpengebieten als resistent.

## 1.5 Die Lombardei

Die südlichen Alpentäler blieben nach dem Untergang Westroms lateinischen Charakters, als Domänen des Erzbistums Mailand und des Bistums Como. Um 568 drangen die germanischen Langobarden in die Poebene ein. Ihr Königreich beschlug vom später schweizerischen Gebiet die unteren Tessintäler. Bellinzona wird um 590 als langobardische Grenzfestung genannt. Die langobardische Herrschaft mußte zur Ausmarchung mit dem Bistum Chur führen, das sich schließlich aus den oberen, ursprünglich rätischen Gebieten zurückzog, so daß etwa um 800 außer Misox und Bergell alle cisalpinen Gebiete entweder zum Bistum Como oder zum Erzbistum Mailand gehörten. So erlebte man die Schicksale der Lombardei, deren Dialekt man sprach, den Wechsel zur fränkischen Herrschaft, die erneute Selbständigkeit Oberitaliens nach den Reichsteilungen und schließlich von der Mitte des 10. Jahrhunderts an die Eingliederung in das Römische Reich der deutschen Könige. Aus den Bistümern entwickelten sich allmählich die Stadtstaaten, und in deren alpinem Hinterland spiegelten sich die großen Auseinandersetzungen zwischen Welfen und Staufern wider. Im 12. Jahrhundert sind Autonomiebestrebungen feststellbar, in den Städten, den Talschaften und bei den einheimischen Adligen. Schließlich aber sollte zwischen 1335 und 1350 das ganze Gebiet – der heutige Kanton Tessin und das Veltlin – an die Mailänder Herzöge Visconti gelangen, welche die einzelnen Landschaften und damit den Gotthardpaß durch ihre Kommissare und Gouverneure verwalten ließen.

## 1.6 Das Königreich Burgund

In den letzten Jahren der römischen Herrschaft erfolgte im südöstlichen Gallien die Ansiedlung des ostgermanischen Stamms der Burgunder durch den römischen Feldherrn Aetius. Die Burgunder wohnten als Verbündete zwischen Keltorömern im weiten Bereich des ganzen Rhonetals, in der Civitas Helvetiorum und im heute französichen Burgund, am dichtesten nördlich von Lyon, in der Burgunder Pforte und im Waadtland. Nach dem Erlöschen der weströmischen Herrschaft (476) bildete sich ein eigenes Königreich, das beste Beziehungen zu Ostrom pflegte und sich ein eigenes Gesetz gab, die Lex Burgundionum, welche dem gemischten Charakter des Königreichs Rechnung trug. Die Kultstätte der Thebäischen Legion, das Kloster St-Maurice im Wallis, war burgundisches Reichsheiligtum.

Wenn auch dieses Königreich 534 endgültig von den Franken unterworfen wurde, so konnte es innerhalb des Frankenreiches eine gewisse Selbständigkeit bewahren. Es erfolgte kein starker Bruch mit den römischen Traditionen. Die Burgunder waren nicht sehr zahlreich und besaßen kein altes Stammgebiet mehr. Die Form ihrer christlichen Religion, der Arianismus, ging bald im römischen Katholizismus der bisherigen Einwohner auf. Desgleichen blieb die Sprache der Keltorömer erhalten, während das Germanische der Burgunder verschwand.

Die einstige Civitas Helvetiorum lebte als »Pagus Ultrajoranus« mit der Zeit wieder auf. Allerdings verschob sich hier das Gewicht vom alten Aventicum an den Genfer See nach Lausanne, dem neuen Bischofssitz. Neue klösterliche Schwerpunkte bildeten St-Claude, Romainmôtier und Moutier-Grandval im Jura.

Das alte Burgund sollte sich aus den Reichsteilungen der Karolinger wieder zu einem selbständigen Königreich erheben, das von 888 bis 1032 Bestand hatte: ein loses Reich aus zwei Teilen, Hochburgund, von der Reuß bis zur Saône, und Arelat, das Rhonetal hinunter bis zum Mittelmeer. Die Volkssprache war erhalten geblieben und nahm nun die besondere Form des Frankoprovenzalischen an. Im Osten, im Aareraum, griff die burgundische Herrschaft auch auf alemannisches, deutschsprachiges Gebiet über. Das Schwergewicht des hochburgundischen Königreichs lag im ultrajoranischen Bereich. Dort erhielten die alten Bistümer durch König Rudolf II. eine besonders privilegierte Position, Lausanne im Waadtland und Sitten, das 585 Octodurus abgelöst hatte, im Wallis, als Wacht über die beiden Alpenpässe des Großen St. Bernhard und des Simplon, sowie Basel im Jura.

Das Könighaus – vor allem Königin Bertha und ihre Tochter Adelheid, Gattin Kaiser Ottos des Großen – nahm sich nachdrücklich der kirchlichen Reformbewegung der Cluniazenser an. Als legendäre Förderin der Kirche ist Königin Bertha bis heute in Erinnerung geblieben. Sie war eine alemannisch/schwäbische Herzogstochter. Verwandtschaftliche Bindungen zu den deutschen Königen sollten sich schließlich so auswirken, daß 1032 nach dem Tode des letzten burgundischen Königs dessen Reich an den deutschen König Konrad II. überging, der sich in Payerne zum König von Burgund krönen ließ. Fortan erstreckte sich die Herrschaft der deutschen Könige bzw. der römischen Kaiser, der Saône und Rhone nach bis ins Mittelmeer, doch war nun das alte Hochburgund dem Reiche näher. Es sollte zur Stauferzeit unter den Herzögen von Zähringen, die zu Rektoren von Burgund erhoben wurden (1098 bis 1218), sich ein letztes Mal einer gewissen Einheit und Selbständigkeit erfreuen.

## 1.7 Das Herzogtum Alemannien/Schwaben

Der germanische Stamm der Alemannen – stets ein streitbarer Nachbar der Römer – begann im Laufe des 5. Jahrhunderts den Oberrhein zu überschreiten: erst Richtung Elsaß, dann gegen Helvetien zu. Nach ihrer Niederlage gegenüber den Franken (497) sikkerten sie allmählich mit Einzelhofsiedelungen und Weilern zwischen den keltorömischen Kastellen ein. Wie die Burgunder so blieben auch die Alemannen innerhalb des Frankenreiches einigermaßen selbständig. Von 700 an stand das Gebiet, welches das heutige Baden-Württemberg, das Elsaß und die nördliche Schweiz umfaßte, unter einem eigenen Herzog und besaß ein eigenes Gesetzbuch, die »Lex Alamannorum«, die der Zusammensetzung der Bevölkerung entsprechend nicht mehr viel römischen Einfluß zeigte. Im Siedlungsgebiet setzte sich die deutsche Sprache in ihrer alemannischen Dialektform durch, wenn auch lange Zeit eine breite Mischzone zwischen Aare und Reuß doppelsprachig blieb. Erst zwischen 800 und 900 fixierte sich im westlichen Mittelland die Sprachgrenze zwischen Deutsch und Welsch und sie ist ungefähr die gleiche bis heute geblieben: Burgunder Pforte – Birstal – Solothurner Jura – Bieler See – Neuenburger See – Murtensee – Saane – mittleres Wallis – Matterhorn (vgl. Karte S. 118).
Die alemannische Infiltration brachte im Bistum Vindonissa einen teilweisen Rückfall ins Heidentum, besonders in ländlichen Bereichen. Hier griff die irische Mission von Columban und Gallus kräftig durch. Im ehemaligen Römerkastell Konstanz wurde das Alemannenbistum errichtet, das Vindonissa ablösen sollte. Der Umfang des Konstanzer Bistums deckte sich mit dem Kern des alemannischen Stammesgebiets, dies- und jenseits von Bodensee und Rhein; es sollte allerdings nie von starker weltlicher Bedeutung sein. Zwischen Alemannen und Burgundern wurde im 8. Jahrhundert das Bistum Basel restauriert, später ein ausgesprochener Stütz-

punkt der deutschen Könige. Bedeutende Klöster waren schon früh Reichenau und Säckingen, dann das Fraumünster in Zürich, Allerheiligen in Schaffhausen, Muri und Einsiedeln. Ganz besonders mächtig war St. Gallen mit Streubesitz im ganzen Herzogtum, samt eigener Lehenshoheit in der Umgegend des Klosters. Der Klosterschatz von St. Gallen ist bis heute erhalten geblieben und in Wissenschaft, Dichtung, Musik, Malerei, Bildhauerei und Architektur ein Zeugnis jener mittelalterlichen Vereinigung von Antike, Christentum und – in diesem Falle – alemannischem Wesen, Träger der karolingischen Kultur. Auch die alemannischen Klöster wurden im 11. Jahrhundert von den Reformbewegungen erfaßt, die hier vom lothringischen Kloster Gorze (Einsiedeln, Muri, Disentis) und vom schwäbischen Hirsau (Allerheiligen) vorgetragen wurden. Alemannien/Schwaben sollte zum klosterreichsten Gebiet des Reiches werden. Inzwischen war das alemannische Gebiet bei den Reichsteilungen an das Deutsche Reich gelangt, und als Herzogtum Schwaben gesellte es sich unter das halbe Dutzend von großen Einheiten des Reichs. Ihm war nun auch Rätien unterstellt. Das Herzogtum blieb jedoch schwach, denn es mangelte ihm feste Erbfolge, und erst spät, ab 1079, sollte es ein bedeutendes Geschlecht hervorbringen, die Staufer. Als sie unter den Kaisern Barbarossa, Heinrich VI. und Friedrich II. ihre italienische Reichspolitik vorantrieben, da wurden die Alpenpässe Rätiens wie der neu eröffnete Gotthard von besonderer Wichtigkeit und mit den Reichsstädten Zürich, Solothurn und Bern, den Reichsländern Uri und Schwyz starke staufische Positionen geschaffen. Innerhalb des Herzogtums Schwaben bzw. innerhalb des alten alemannisch/schwäbischen Stammes hatten sich allmählich mundartliche Differenzierungen ergeben. Im nordöstlichen Teil – dem späteren Herzogtum Württemberg – zeichnete sich das »Schwäbische«, im westlichen – im Schwarzwald und im Elsaß – das »Niederalemannische«, im südlichen Gebiet – am Oberrhein, um den Bodensee bis zu den Alpen – das »Hochalemannische«, die späteren Dialekte des »Schweizerdeutschen« ab.


## 1.8 Die Feudalisierung

Als die kaiserlich-staufische Macht in ihre Krise kam und schließlich 1250 mit dem Tod des Kaisers Friedrich II. zusammenbrach, trat im alemannischen und burgundischen Gebiet wieder jene Zersplitterung offen zutage, die sich schon längst abgezeichnet hatte. Denn im Bereich des schwachen Herzogtums Schwaben und im nicht sehr starken Königreich Hochburgund hatte sich der kleinere Adel immer relativ selbständig entwickeln können. Außerdem war das von zwei Gebirgsketten umschlossene Gebiet wenig bewohnt und teils noch unbebaut, was kolonisatorischen Möglichkeiten Vorschub leistete. So finden wir im 13. Jahrhundert zwischen den alten Positionen der Bischöfe und Äbte eine Pluralität von Adelsherrschaften verschiedener Größe und Bedeutung vor: In Churrätien waren es abgesehen vom Abt von Disentis und vom Bischof von Chur, die Freiherren von Vaz, von Rhäzüns und Belmont, die Grafen von Sax-Misox und die Vögte von Matsch; in der heutigen Ostschweiz neben dem Abt von St. Gallen die Grafen von Montfort, Werdenberg, Toggenburg und Rapperswil. Im Thurgau und im Aargau in besonders starker Position die Grafen von Kyburg; im Jura die Grafen von Thierstein, Froburg und Homberg; im mittleren Aareraum die Freiherren von Brandis und die Grafen von Buchegg; im westlichen Jura vor allem der Bischof von Basel sowie die Grafen von Neuenburg und von Grandson, um Genf herum die Grafen des Genevois; im Rhonetal der Bischof von Sitten und die Freiherren von Turn; im Oberlauf von Saane und Aare die Grafen von Greyerz, die Freiherren von Ringgenberg und von Weißenburg; jenseits des Gotthards die Stadtgewaltigen von Mailand und Como.

Damit wären nur die bedeutenderen Herrschaften genannt. Diese Adelswelt – die sich auch der Klöster und der Bischofssitze zu bemächtigen verstand – war in steter Bewegung: Zufall der Heiratspolitik, des Aussterbens und der königlichen Gunst. Es ist die Welt der staufischen Ritterherrlichkeit, der hohen Kultur des Minnesangs im ganzen schwäbischen und burgundischen Raum mit ihren Verbindungen in die Lombardei.

Zwischen diesen Adelsherrschaften entwickelten sich um die Mitte des 13. Jahrhunderts zwei größere Dynastien, die nachdrücklicher und glücklicher als andere die Tendenz verfolgten, verstreuten Besitz zu vereinheitlichen, zum Territorialstaat zu werden (vgl. Karte S. 30).

Im Westen waren es die Grafen von Savoyen. Sie verfügten über älteren Besitz (seit ihrer ersten Belehnung um 1033 durch den Kaiser) rund um die drei Alpenübergänge des Großen und Kleinen St. Bernhard und des Mont Cenis, rittlings der Alpen im Piemont, in Savoyen und um den Genfer See sowie in der Waadt. Im Nordosten lagen die Grenzen an der Aare bei Bern und in der Mitte des Wallis. Unter Peter II., dem »petit Charlemagne«, arbeitete sich die Grafschaft zu einem wichtigen Machtfaktor im Südwesten des Römischen Reiches empor.

Das andere mächtigere Dynastenhaus war dasjenige der Habsburger. Ursprünglich elsässisch, verfügte es schon im 10. und 11. Jahrhundert über Besitz im Aargau (Kloster Muri), Frickgau und Zürichgau, d. h. verstreut vom Vierwaldstätter See, zwischen Bodensee und Aare, bis ins Elsaß hinunter.

## 2. Städte und Länder im alemannisch/burgundischen Bereich

### 2.1 Die Städte

Europa begann sich vom 10. Jahrhundert an ökonomisch und politisch zu konsolidieren. Es zeichnete sich bis zu den Epidemien des 14. Jahrhunderts eine Periode relativen Friedens, von Wohlfahrt und Wachstum ab. Bessere Techniken in der Landwirtschaft, intensivere Kultur durch die Dreifelderwirtschaft ermöglichten der Bevölkerung sich anderen Beschäftigungen zuzuwenden: Handwerk und Handel. Die Belebung des Mittelmeerhandels, der Übergang von der Tausch- zur Geldwirtschaft führten auch in diesem Raum zu erhöhter Bedeutung der städtischen Siedlungen. Es sind einmal die alten Bischofssitze, die einen Aufschwung erleben und an Bevölkerung zunehmen: Genf, Lausanne, Sitten, Chur, Basel und Konstanz. Dazu treten im 11. Jahrhundert die befestigten Klostersiedelungen von Schaffhausen und St. Gallen, dann – römischen Ursprungs – die königlichen Gerichtsstätten, die Pfalzen von Zürich und Solothurn.

Das 11. Jahrhundert sollte schließlich im Rahmen der allgemeinen Tendenz des Feudaladels zum Flächenstaat zu einer eigentlichen städtischen Gründungsbewegung führen; besonders erfolgreich die Zähringer mit ihren beiden Freiburg im Breisgau (1120) und im Uechtland (1150/70), sowie Bern (1191). Im 13. Jahrhundert folgten über hundert weitere Neugründungen, die sich allerdings nur noch teilweise halten konnten. Dennoch war das Resultat ein außerordentlich dichtes Städtenetz. Im Mittelland waren nun etwa alle zehn Kilometer zwei Stadttore zu passieren. Neben den Städten entwickelten sich auch etliche unbefestigte Marktflecken, besonders im alpinen und voralpinen Gebiet. So zahlreich auch die städtischen Siedlungen geworden waren, die Bevölkerung blieb größtenteils bäuerlich. Die Einwohnerzahlen der Städte sind am Ende des Mittelalters recht bescheiden: Basel zählte 9000 bis 12000, Genf 4500 bis 8500, Zürich, Bern, Lausanne und Freiburg etwa 5000 Einwohner. Primär waren diese Städte Zentren des Handels und des Handwerks.

Dieser ökonomischen Entwicklung parallel ging eine politische Verselbständigung. Ursprünglich waren die Städte Besitz des Grundherren, sei es des Bischofs, des Herzogs oder des Grafen, die gewisse interne Funktionen der Stadt selbst überließen, Marktaufsicht und Wachdienst. Im 12. und vor allem im 13. Jahrhundert ging die Kontrolle dieser Funktionen an den Rat der Stadt über, den Ritter und Kaufleute zu bilden pflegten. Die Frage ihrer Wahl ergab Konfliktmöglichkeiten mit der Herrschaft. Das Ziel der Stadt war es, möglichst unabhängig von ihren Herren zu werden, d. h. unter die direkte Herrschaft des Königs bzw. des Kaisers zu gelangen, Blutbann, Gericht, Münze in die eigene Hand zu bekommen. Diese Bewegung ist gesamteuropäisch und im Reich zur Stauferzeit recht von Erfolg begleitet. Als erste im schweizerischen Bereich sind 1218, nach dem Aussterben der Zähringer, Zürich, Bern und Solothurn ans Reich gezogen worden. Es folgten im später schweizerischen Bereich: Basel (1390), Schaffhausen, Luzern und Zug (1415), St. Gallen (1415/1457), Freiburg (1478), Chur (1464/1526) und Genf (1504/1534). Sie bilden die südwestlichen Positionen im Reich. Im Elsaß zählte man etwa zehn, in Schwaben gegen vierzig Reichsstädte. Die Reichsstandschaft war das Resultat eines langen Ringens, mühsamer Erwerb einzelner Vorrechte und oft Rückfall in die Abhängigkeit, wie im Fall von Stein am Rhein und Winterthur. Andere blieben auf halbem Wege stecken wie die Bischofsstadt Lausanne.

## 2.2 Die »Länder«

»Länder« sind nach schweizerischem Begriff Gebiete – meist geschlossene Talschaften –, die, bewohnt von freien Bauern, zur vollständigen Selbstherrschaft, d. h. zur Reichsfreiheit, gelangt sind. Freie Bauern, die ökonomisch von einer gewissen Hablichkeit, unmittelbar unter der Königsherrschaft standen, zu Kriegsdienst und Abgaben an den König verpflichtet, in regionalen Gruppen organisiert mit eigenem Gericht, gab es seit frühmittelalterlicher Zeit auch im schweizerischen Bereich, sei es im Rahmen der alemannischen Landnahme oder im Gefolge der fränkischen Adelsinvasion. Mit Sicherheit lassen sich solche freie Bauern im Aargau und in der Nordostschweiz feststellen, wo sie in freien Ämtern oder Freigerichten gruppiert waren. Die Mehrzahl der Einwohner ist jedoch unfrei (Hörige oder Leibeigene), einem adligen oder geistlichen Herrn zinspflichtig, seiner Verwaltung unterstellt und zu Frondiensten verpflichtet. Während der allgemeinen Entwicklung der feudalen Grundherrschaft gehen die freien Bauern immer mehr zurück. Es ist strittig, ob sich freie Bauern in ungebrochener Linie seit dem frühen Mittelalter in der inneren Schweiz haben halten können.

Ein zweiter Typus des »freien Bauern« zeichnete sich im Laufe der hochmittelalterlichen Entwicklung ab, der »Rodungsfreie«. Auch hier handelt es sich um eine gesamteuropäische Entwicklung. Das Anwachsen der Bevölkerung, die Intensivierung der Besiedelung führte zu weiterer Urbarmachung, zur Rodung in dünn oder gar nicht bewohnten Räumen in den Voralpen und Alpengebieten sowie im Jura. Unter der Leitung von hochadligen, grundherrlichen oder geistlichen Unternehmern bildeten sich Kolonistengruppen, denen in den neuen Gebieten bestimmte »Freiheiten«, d. h. Entlastungen vom unfreien Dasein, gegeben wurden. So bildeten sich genossenschaftlich organisierte Siedlungen und Talschaften.

Eine große kolonisatorische Leistung war die im 13. und 14. Jahrhundert erfolgte Wanderung der deutschsprachigen Walser aus dem Oberwallis in die Täler südlich des Monte Rosa, ins Eschental, ins Berner Oberland, vor allem aber nach Rätien bis ins Montafon und das oberste Allgäu.

In den Tälern am Vierwaldstätter See zeichnete sich eine starke ökonomisch-politische Aktivität ab. Sie ist einerseits gekennzeichnet durch die bald nach 1200 erfolgte kühne Öffnung des Gotthardweges mit der Errichtung des stiebenden Steges in der Schöllenenschlucht, andererseits durch nie abbrechende Alpstreitigkeiten, unter denen der »Marchenstreit« der Schwyzer mit dem Kloster Einsiedeln der bekannteste ist.

Die Bewohner der Alpen waren Bauern, die vorerst aus der Notwendigkeit der Selbstversorgung Ackerbau bis in hohe Lagen pflegten. Mit den besseren Verkehrs- und Absatzmöglichkeiten stellten sie allmählich mehr auf Viehzucht und Alpwirtschaft um. Käse, Butter und Schlachtvieh wurden in die städtischen Siedelungen exportiert. Die Alpengebiete wandelten sich mehrheitlich zum reinen »Hirtenland«. Da die Viehzucht weniger Bevölkerung brauchte als der Ackerbau, wandte sich ein Teil dieser Hirten – kühne, bewegliche Leute – dem Kriegshandwerk zu und begann sich als Söldner zu verdingen. Die Verkehrslage der meisten Talschaften, die am Zugang zu den wichtigsten Alpenpässen gelegen waren, schuf besonders günstige politische und ökonomische Möglichkeiten. Das Säumerwesen und die Schiffahrt waren genossenschaftlich organisiert.

Im Laufe des 12. und 13. Jahrhunderts schließen sich die verschiedenen Allmend-, Alp-, Bannwald- und Dorfgemeinschaften zu Talschaften zusammen, sie bilden »Communitates« oder »Universitates« unter einheimischen Geschlechtern, wie die Stauffacher in Schwyz, die Fürst und Attinghausen in Uri, die Wolfenschießen in Unterwalden.

Solche »Communitates« lassen sich feststellen in Uri, in Schwyz, in Unterwalden, im Oberhasli, im Val Blenio und in der Leventina; außerhalb des Gotthardraums im oberen und mittleren Wallis, in Rätien, in den Westalpen (Briançon), den Ostalpen (Val Camonica, Tirol). »Bäuerliche« bzw. »ländliche« Gebiete mit bestimmten Freiheitsrechten finden sich noch in andern Teilen Europas – besonders in Friesland, in Dithmarschen, in Schweden und Norwegen. Nur ganz wenige erreichten die letzte Freiheitsstufe, die Reichsunmittelbarkeit. Dies war der Fall in Uri, das 1231 den Freibrief von Hagenau durch König Heinrich und in Schwyz, das 1240 denjenigen von Faenza durch Kaiser Friedrich II. erhielt. Fortan führten diese reichsfreien »Länder« eigenes Siegel, eigenes Banner und verfügten über ihr eigenes Militäraufgebot und eigenes Blutgericht. Der Landammann, aus einem Herrengeschlecht des Landes zum Haupt des Sippenverbands der Landleute bestellt, hatte die Funktion des Dynasten übernommen.

## 2.3 Die Städtebünde im burgundischen und alemannischen Raum

Von 1239 an, der zweiten Bannung Kaiser Friedrichs II. von Hohenstaufen, lebte das Reich in Spaltung, die nur zeitweise von einer sicheren Periode unter einem allgemein anerkannten Oberhaupt unterbrochen wurde.

Nachdem es König Rudolf – der seit 1278 über Österreich verfügte – gelungen war, sein Haus Habsburg zu einem der mächtigsten des Reiches zu machen, schien es, wie wenn das Herzogtum Schwaben in habsburgischer Form erneuert werde. Die Städte und Länder zwischen Bodensee, Saane und Gotthard sahen sich damit vor der Situation, sich entweder mit dieser Territorialmacht abzufinden, oder sich dem jeweiligen »Gegenkönig« zur Verfügung zu stellen. Die Frage war, ob städtische bzw. »ländliche« Territorialpolitik mit oder gegen diese Macht betrieben werden konnte.

Schon der päpstlich/kaiserliche Konflikt zur Stauferzeit hatte auch im oberen Deutschland zur Parteinahme gezwungen oder einfach zur Selbsthilfe. Es waren besonders die Städte, die unter der Krise des Reichs zu leiden hatten, denn Handel und Wandel waren unsicher geworden. Da drängte sich das Bündnis, das Zusammengehen mit andern Städten, die sich in ähnlicher Weise bedroht fühlten, auf. Es bilden sich auch diesseits der Alpen – nachdem die oberitalienischen Kommunen das Beispiel gegeben hatten – interkommunale »Städte-Einungen« auf: Abmachungen zwischen zwei oder mehreren Städten zur Wahrung des Landfriedens, zu gegenseitiger

Beratung und Hilfeleistung, für schiedsrichterliche Regelungen und allenfalls wirtschaftlichen Vereinbarungen. Solche »Einungen« oder Städtebünde wurden in der Regel auf Zeit abgeschlossen und entsprachen jeweils einer konkreten politischen Lage. Wir finden sie um die Mitte des 13. Jahrhunderts, an Nord- und Ostsee (die »Hanse«), in Flandern, am Niederrhein, im Elsaß, um den Bodensee, im burgundischen Aareraum. Drei Bündnissysteme sind für die Entwicklung der Dinge, die zur späteren Gründung der Eidgenossenschaft führten, von Bedeutung: die burgundische Eidgenossenschaft Berns, die Bündnisse der Städte um den Bodensee und die gebirgsbäuerliche Eidgenossenschaft um den Vierwaldstätter See.

Die burgundische Eidgenossenschaft Berns geht wahrscheinlich auf die letzte Zeit der Zähringer zurück, wo sich schon vor 1218 ein Zusammengehen von Bern und Freiburg abzeichnet. Zwischen 1243 und 1245 entsteht ein Vierstädtebündnis von Bern, Freiburg, Murten und Avenches. Fünfzig Jahre darauf wird ein neues Bündnissystem um Bern herum faßbar. Es liegt im Kreise Solothurn – Biel – Laupen – Freiburg – Murten – Payerne. Dazu gehört auch das Reichsland Hasli an der Grimsel. Es handelt sich jedoch um wechselnde Partner, unter welchen sich nicht nur Städte, sondern auch Adlige aus Berns Umgebung und dem Oberland finden. Die burgundische Eidgenossenschaft lag im Interessengebiet der beiden großen Territorialfürsten, zwischen Habsburg und Savoyen. Bern bewegte sich im allgemeinen geschickt zwischen beiden. 1339 gelang es ihm, bei Laupen eine gegen es gerichtete Adelskoalition, der Freiburg in leitender Stellung angehörte, vernichtend zu schlagen. Fortan war Bern so stark, daß Bündnisse mit ihm – von Solothurn, Freiburg und Biel abgesehen – meist zur Integration in Berns Territorium zu führen pflegten.

Das Bündnissystem rund um den Bodensee war eine reine Städte-Einung unter gleichberechtigten Partnern, in der Regel Reichsstädte. Die Glieder des Bundes pflegten zu wechseln, das Schwergewicht ruhte einmal auf der einen, einmal auf der andern Stadt. Doch findet sich diese Gruppe immer wieder zusammen, bis in die Zeit der Reformation. Dieses Städtesystem hatte es vor allem mit der Territorialpolitik Habsburgs zu tun. Die vornehmlichsten Glieder waren Zürich, Schaffhausen, Überlingen, Konstanz, Lindau und St. Gallen. Sie griffen oft weiter ins schwäbische Hinterland aus, gegen das Allgäu und die Donau, gegen Isny, Wangen, Ravensburg, Biberach und Ulm und damit in jenes wirtschaftlich wichtige, so dichte Netz der schwäbischen Reichsstädte. Von Zürich aus ergab sich andererseits naturgemäß eine Verbindung in den Alpenraum, besonders zum Gotthardgebiet sowie gegen Westen.

An sich war die Solidarität dieser Städte immer gefährdet. Einmal von innen heraus durch städtische Parteiungen oder durch wirtschaftliche Rücksichten, von außen durch die Reichspolitik, auf die es nur ein relatives Vertrauen gab.

Die Stadt war ja isoliert. Zwischen ihr und der verbündeten Nachbarstadt lag fremdes Gebiet. Energische Territorialpolitik war oft nicht primäre Absicht der Stadt, die an Wirtschaft und Handel interessiert war.

## 2.4 Der Bund der Waldstätte Uri, Schwyz und Unterwalden

Auch dieses Bündnissystem geht in den Anfängen in die staufische Zeit zurück. Es ist unklar, wann Uri, Schwyz und Unterwalden – Länder gleicher wirtschaftlicher und sozialer Struktur und am Gotthardweg interessiert – einen ersten Landfriedensbund geschlossen haben, ob zu Beginn oder zu Ende der staufisch/päpstlichen Krise bzw. des Interregnums. Jedenfalls wurde ein älterer Bund anfangs August 1291 nach dem Tode König Rudolfs erneuert, ein Landfriedensbund zur Sicherung gemeinsamer Interessen nach dem Ausscheiden des obersten Rechtswahrers im Reich. Daß die drei Länder damals erklärten, sie wollten keine »fremden Richter« in ihrem Bereich anerkennen, deutet auf einen bestimmten Abwehrwillen gegen äußere Eingriffe. Uri und Schwyz haben sich im Oktober des gleichen Jahres mit Zürich verbündet; somit schlossen sie sich indirekt an den großen Bund aller Reichsstädte und Dynasten von Bern bis Konstanz an.

König Adolf anerkannte die Reichsfreiheit. Albrecht von Habsburg regierte ohne weitere Eingriffe in die »Länder«, doch läßt die umfassende Inventarisierung des habsburgischen Besitzes, das »habsburgische Urbar«, auf eine gewisse Einkreisung der Länder schließen. Jedenfalls erwies sich der nächste Thronwechsel als günstig. Heinrich VII. von Luxemburg bestätigte 1309 nicht nur die zwei vorhandenen Freiheitsbriefe, sondern stellte auch für Unterwalden einen solchen aus. Das Faktum des engen Zusammenschlusses der drei Waldstätte wurde durch deren Erhebung zu einer einheitlichen Reichsvogtei rechtlich befestigt.

Als 1314/15 der Thronstreit zwischen Herzog Ludwig von Bayern und Herzog Friedrich von Österreich ausbrach, stellten sich die drei Länder auf die Seite des bayrischen Prätendenten. Der schon eine Zeitlang mottende Kleinkrieg an den Grenzen rief einen energischen österreichischen Angriff hervor, der 1315 am Morgarten an der Schwyzer Grenze und am Brünig an der Unterwaldner Grenze, abgewehrt wurde. Die österreichische Niederlage am Morgarten war insofern aufsehenerregend, da ein Ritterheer durch das Auflaufen des geschlossenen Haufens der Hirtenkrieger in gebirgigem Gelände unritterlich vernichtet worden war.

Am 9. Dezember 1315, drei Wochen nach der Schlacht am Morgarten, bestätigten und erweiterten die Drei Waldstätte in Brunnen den Bund von 1291. Der Landfriedensbund war zum Abwehrbund gegen Habsburg geworden. Außerdem verfestigte sich die Bindung unter den drei Ländern so stark, daß sie fortan als einheitlicher Block aufzutreten pflegten.

Im März 1316 bestätigte König Ludwig die Reichsfreiheit der Drei Waldstätte, allerdings im Rahmen des Parteikampfs gegen Habsburg-Österreich.

## 2.5 Die Erweiterung des Bündnissystems der Drei Waldstätte

Die Drei Waldstätte führten in den nächsten Jahrzehnten die eingeschlagene Politik konsequent weiter. Es ging ihnen dabei einmal um die Sicherung ihrer reichsfreien Position, um die Möglichkeit, den österreichischen Ring um ihr Gebiet zu sprengen und so ihr Territorium auszuweiten. Als freie Bauern standen sie dem Adel mißtrauisch gegenüber. Schließlich waren die Waldstätte wirtschaftlich an der Kontrolle der Gotthardroute interessiert. Uri schloß 1317 ein enges Bündnis mit der bisher österreichischen Talschaft Urseren, welche die drei zentralen Pässe des Gotthards, der Furka und der Oberalp kontrollierte. Aus ähnlichen politischen und ökonomischen Überlegungen verbündete man sich 1332 mit der ebenfalls österreichischen Stadt Luzern, wo man der Partei, die die Stadt unabhängig machen wollte, Rückendeckung verschaffte, Luzern aber als vierte Waldstatt zu engem Zusammengehen mit den Ländern verpflichtete.

Ab 1351 griffen die Vier Waldstätte in die Auseinandersetzung der Reichsstadt Zürich mit Österreich ein. Auch hier ging es um die Unterstützung einer antiösterreichischen Partei in der Stadt, die ganz gerne die kriegserprobten Länder zu Hilfe zog. Im Rahmen dieser Fehde nahmen die Länder auch die beiden österreichischen Positionen Zug und Glarus ein, mußten sie aber im vom Kaiser Karl IV. vermittelten Frieden zu Regensburg wieder fahrenlassen. Zürich sicherte der Frieden die reichsstädtische Unabhängigkeit. Der Bund mit den Vier Waldstätten blieb bestehen, für Zürich als eine Möglichkeit neben anderen, für die Waldstätte als vorläufige äußerste Position ihrer territorialen Absichten. Schon zwei Jahre vor dem Frieden von Regensburg, 1353, hatten die Drei Waldstätte ein Arrangement mit der Stadt Bern getroffen. Sie standen mit Bern seit 1323 in Verbindung, und ihre Waffenhilfe hatte bei Laupen entscheidend mitgewirkt. Der Bund von 1353 bedeutete für die Waldstätte einen Flankenschutz im Westen. Bern aber hatte ihn primär geschlossen, um seine oberländischen Interessen vor den Übergriffen der Unterwaldner zu sichern. Bern war mit Österreich verbündet und nach wie vor stark im Aareraum engagiert.

# 3. Die Entstehung der »Eidgenossenschaft«

## 3.1 Die Städte und Länder in der Auseinandersetzung mit dem Herzogtum Österreich

Die Vier Waldstätte hatten 1351/1353 für sich ein Sicherungssystem schaffen können. Wenn sich auch Zürich und Bern vorderhand noch alle Freiheit wahrten, so setzten die Vier Waldstätte und unter ihnen besonders Schwyz den eingeschlagenen Weg konsequent weiter fort. 1364 wurden Stadt und Amt Zug durch Schwyz erneut Österreich entrissen und in ein schwyzerisches Protektorat umgewandelt, das besonders den Bauerngemeinden des »Amtes Zug« zustatten kam. 1370 schlossen Zürich, Luzern, Zug, Uri, Schwyz und Unterwalden ein erstes Konkordat, die Landfriedenssicherung an der Gotthardstraße betreffend. Dieser sogenannte »Pfaffenbrief« (der Anlaß war ein Konflikt zwischen weltlicher und geistlicher Gerichtsbarkeit gewesen) zeigt, daß diese drei Städte und drei Länder das Gebiet zwischen Zürichsee und Gotthard als ihren eigenen Bereich aufzufassen begannen. Daß sie sich hier als »Unser Eydgnosschaft« bezeichneten, entsprach der Tatsache, daß sie im nächsten Jahrzehnt immer deutlicher als Einheit hervortraten, insbesondere bei schiedsrichterlichen Aktionen in verschiedenen Fehden zwischen Dynasten, Klöstern, Städten und Ländern.

In die bisher vom Adel betriebene Territorialpolitik schaltet sich hier ein republikanisches Bündnissystem ein. Dies geschieht auf dem Hintergrund einer allgemeinen wirtschaftlichen Krisensituation. Mißernten, Hungersnöte, die große Pest um 1348/49 zeichnen das Jahrhundert. Ein Bevölkerungsrückgang setzt ein, neugegründete Städte verdorfen wieder, viele Siedlungen zerfallen, werden zu Wüstungen. Die Krise ist gekennzeichnet durch Bauernaufstände und Judenverfolgungen. Der Aufstieg der Eidgenossenschaft fällt in eine unruhige Zeit. Es handelte sich um einen Aufstieg von Städten (Bürgern) und Ländern (Bauern). Opfer ist der kleine Adel, der wirtschaftlich nicht mehr auskommt. Die Abgaben sind durch die allgemeine Devaluation entwertet. Der Kleinadel, ständisch vom Bürger bedroht, zieht es vor, sich in die Arme der Territorialfürsten zu retten – die klügeren allerdings machen ihren Frieden mit den Städten – in der Eidgenossenschaft ist dies vor allem in Bern der Fall.

Die achtziger Jahre sollten entscheidend werden. Im Reich hatte

Karte 2

sich ein schwelender Landfriedenskonflikt zugespitzt, der Konflikt
zwischen den Städten und den Fürsten. Es ging letztlich darum,
wer in den Territorien zu bestimmen habe: Ob die Reichsstadt
Verzicht auf politische und wirtschaftliche Selbständigkeit leisten
wolle und ob entschlossene Dynasten und ihre Berater einen groß-
flächigen, einheitlich konzipierten Staat aufbauen könnten. Die
Stadt hätte dann als lokaler Verwaltungssitz des Fürsten weiter
prosperieren können; mit bürgerlichem Republikanertum wäre es
zu Ende gewesen, und die höfische Adelswelt wäre auch in der
Stadt an deren Stelle getreten. Der Konflikt des »Städtekrieges« begann mit einem Sieg der schon längst verbundenen schwäbischen

Städte über den Grafen von Württemberg 1377 bei Reutlingen. In der Folge gelang es, alle im süddeutschen Raum vorhandenen Städtesysteme – den schwäbischen, den elsässischen und den rheinischen Städtebund – zu vereinigen. Dieser »Konstanzer Bund« vom 21. Februar 1385 zählte 54 Reichsstädte im Umkreis von Basel – Straßburg – Mainz – Frankfurt – Nürnberg – Augsburg – Lindau, zu denen auch Zürich, Bern, Solothurn und Zug gehörten, »die einen ewigen Bund miteinander halten«. Luzern war durch Zürich verpflichtet. Im schwäbischen Städtebund befanden sich die später schweizerischen Städte St. Gallen und Wil und indirekt auch die Appenzeller sowie natürlich Rottweil.

Allerdings standen für die Eidgenossen nicht diese ennetrheinischen Auseinandersetzungen im Vordergrund, sondern eine langwierige Fehde, die Solothurn mit Bern und den Waldstätten 1375 bis 1384 gegen die Grafen von Neuenburg, von Thierstein und von Neu-Kiburg, hinter denen Österreich stand, ausfochten. Österreich war in allen Bereichen des Städtebundes im Spiel. Das Herzogshaus war jedoch seit 1379 durch die Teilung in die tirolisch-vorländische-leopoldinische und die österreichisch-albertinische Linie keine volle Einheit mehr.

Das offensive Vorgehen der Stadt Luzern durch eine Serie von Burgenbrüchen anfangs 1386 führte am 9. Juli 1386 zur Schlacht von Sempach, wo sich Österreich mit seiner Adelsklientel und die Vier Waldstätte entgegenstanden, während sich Bern und die Städte des Konstanzer Bundes zurückhielten. Die Niederlage der österreichischen Ritterlinie durch die bäuerliche Haufenformation war für den oberdeutschen Adel katastrophal und endgültig. Ein Versuch Österreichs 1388, Glarus, das sich wieder den Eidgenossen angeschlossen hatte, zurückzugewinnen, endete am 9. April 1388 bei Näfels mit einer neuen Niederlage.

Im gleichen Jahr fielen die Entscheide im Bereich der Städtebünde. Am 23. August besiegte der Graf von Württemberg bei Döffingen in der Nähe von Weil der Stadt die schwäbischen Städte vernichtend. Am 6. November 1388 erlitt eine rheinisch-städtische Truppe eine Schlappe bei Alzey in der Nähe von Worms. Die städtischen Kontingente, die stark von Söldnern durchsetzt waren, zeigten sich schwächer als der Adel, während sich bei Sempach und Näfels die Durchschlagskraft der Hirtenkrieger erneut erwiesen hatte. Nachdem Bern, Solothurn und Luzern in umfassender Fehdetätigkeit in ihrem Raum mit dem Adel und den österreichischen Positionen aufgeräumt hatten, kam es am 1. April 1389 zu einem Waffenstillstand mit Österreich, das vorläufig die Territorialgewinne der Eidgenossen anerkannte.

Im gleichen Jahr ersetzte der Reichslandfriede von Eger die Städtebünde und die Herrenbünde. Dieser Landfrieden hatte aber keine Wirkung auf die eidgenössischen Städte. Im Reich sollten die definitiven Entscheide erst im Laufe des nächsten Jahrhunderts fallen. Es gelang den Reichsstädten, sich allerdings nur noch in isolierter Stellung zu behaupten. Im Reichstag waren sie zwar durch die beiden »Städtebänke« vertreten, aber ihre Position blieb minoritär. Die eidgenössischen Städte besuchten denn auch fortan die Reichstage immer seltener, und es zeichnete sich für sie eine Sonderentwicklung ab, auch wenn eine gewisse städtische Solidarität noch lange Zeit erhalten blieb.

Der Sempacherkrieg hatte einen stärkeren Zusammenschluß der eidgenössischen Städte und Länder zur Folge. 1393 kam es zu einer neuen gemeinsamen Landfriedensordnung, dem Sempacher Brief, dem nun neben den sechs Orten des Pfaffenbriefes auch Bern, Solothurn und Glarus beitraten. Bei mehr oder weniger leidlichen Verhältnissen zu Österreich kam es doch schon 1401 bis 1411 zu einem neuen Vorstoß: Die Schwyzer unterstützten die Erhebung der Appenzeller.

Zwischen 1403 und 1422 erfolgte in gemeinsamer Aktion aller Eidgenossen mit den Wallisern der erste Angriff über die Alpen. Bellinzona und Domo d'Ossola gerieten in eidgenössische Hand. Die Herren von Mailand, die Herzöge Visconti, konnten aber durch ihren Sieg von Arbedo (1422) wieder alles Gebiet bis zum Gotthard zurückgewinnen.

Eine unerwartete Chance bot sich 1415, als Kaiser Sigmund von Luxemburg-Böhmen die Eidgenossen gegen den abtrünnigen Herzog Friedrich IV. von Österreich (Tirol und Vorlande) einsetzen konnte und ihnen den Aargau, welcher seit Sempach einen Keil zwischen Zürich, Luzern und Bern darstellte, überließ und allen Acht Orten die volle Landeshoheit verlieh, was für Luzern, Zug und Glarus die Erreichung des langangestrebten Ziels, Reichsstadt bzw. Reichsland zu werden, bedeutete. Damit und durch weitere Privilegienverleihung gelangten die Acht Orte der Eidgenossenschaft in die Stellung von kleinen Territorialfürsten. Zum letztenmal hatte sich das Reich, der Kaiser, städte- und länderfreundlich erzeigt.

Aus den situationsgegebenen Vereinbarungen des 14. Jahrhunderts war zwischen 1386 und 1415 ein festes System geworden. Gemeinsame kriegerische Aktionen, viele schiedsrichterliche Verhandlungen, gemeinsame Verwaltung eroberter Landschaften über dem Gebirg und im Aargau verfestigten den Zusammenhang unter den drei Städten und den fünf Ländern, um die sich eine Zahl von Verbündeten wie Solothurn, Biel, Neuenburg, die Appenzeller und die Walliser zu gruppieren begann.

## 3.2. Krise und Erstarkung des Bundessystems

Daß der eidgenössische Zusammenhang noch nicht ganz fest war, zeigte sich darin, daß zweimal ernsthafte Konflikte die Verbündeten trennen konnten. 1414 bis 1420 waren die Stadt Bern und die Vier Waldstätte im Walliser »Raronkrieg« nur knapp an einer kriegerischen Auseinandersetzung vorbeigekommen. Im Wallis überschnitten sich nicht nur politische Interessensphären, sondern auch soziale Gegensätze, da sich Uri, Unterwalden und Luzern auf die Seite der freien Walliser Bauern, Bern auf die Seite des Landeshauptmanns Freiherrn von Raron stellte.

Bern schloß daraufhin direkte unbefristete Bündnisse mit Luzern (1421) und mit Zürich (1423), als Gegengewicht zum Bunde mit drei Waldstätten von 1353. Anderseits war dies ein Zeichen dafür, daß für Bern die Eidgenossenschaft eine Realität geworden war, in welcher man sich fortan richtig engagieren wollte.

Hatte man im Raronkonflikt einen innereidgenössischen Krieg vermeiden können, so war das ein Dutzend Jahre später nicht mehr möglich. Diesmal ging es um Differenzen in der Territorialpolitik einzelner Orte. Die Stadt Zürich stieß mit Schwyz, dem sich Glarus anschloß, im Streit um die Erbfolge des Toggenburger Grafenhauses zusammen. Beide beanspruchten die Linthebene zwischen Zürichsee und Walensee. Für Zürich ging es um die Kontrolle der Straßen nach den rätischen Paßübergängen, für Schwyz, das zwischen Zug und Glarus eingekeilt war, um seine einzige Ausdehnungsmöglichkeit. Da sich Zürich den seinen Gegnern günstigen eidgenössischen Schiedssprüchen nicht unterziehen wollte, wurde es von allen anderen Orten als bundesbrüchig betrachtet und der Krieg gegen es eröffnet. Das trieb Zürich schließlich auf die Seite Österreichs, das Herzogtum, das 1438 endlich wieder, und für immer, die Kaiserkrone erworben hatte. Es wurde ein hart geführter Krieg von 1440 bis 1446/50 ohne klaren Entscheid, denn wenn auch Zürich im offenen Felde geschlagen wurde, so konnte es außer Greifensee seine festen Plätze behaupten. Auch die Schlacht bei St. Jakob an der Birs vor den Toren Basels (1444), ein von einer eidgenössischen Rekognoszierungsabteilung erzwungenes Treffen mit der in österreichischem Auftrag anmarschierenden Söldnerarmee der »Armagnaken« (die aus dem Hundertjährigen Krieg freigeworden war) brachte keinen Entscheid, wohl aber, weil sich die kleine eidgenössische Truppe bis auf den letzten Mann verzweifelt verteidigte, den Ruf einer unheimlichen Widerstandskraft. Schließlich löste sich der Konflikt, den man später den »Alten Zürichkrieg« nannte, nachdem in der Stadt Zürich die eidgenössische Partei Oberhand gewonnen hatte. 1450 fand Zürich wieder Aufnahme in den Bund, mußte allerdings auf seine Territorialaspirationen zugunsten von Schwyz und Glarus verzichten. Der Versuch Österreichs, den Aargau wieder zu gewinnen, war gescheitert.

Die Krise hatte den Bund eher gestärkt. Es zeigte sich, daß ein Ausscheren nicht mehr möglich war. Zürich hatte die Aussichten einer bundesunabhängigen Politik falsch berechnet. Das Verhalten der Eidgenossen wurde aggressiver als je. In den nächsten Jahren erweiterte sich ihr Territorium durch Bündnisse, Erwerb und Eroberung. Als Verbündete, als »Zugewandte Orte«, wurden die Abtei St. Gallen (1451) und die Städte Schaffhausen, Freiburg, Stein am Rhein, St. Gallen (1454), Rottweil im Schwabenland (1463) und Mühlhausen im Elsaß (1466) aufgenommen. 1460 eroberte man gemeinsam die österreichische Landgrafschaft Thurgau. Das bedeutete das Ende der österreichischen bzw. fürstlich-adligen Territorial- und Rechtsansprüche südlich des Bodensees.

Gleichzeitig dehnten einzelne Orte ihre Territorien in allen möglichen Richtungen aus. Im Süden gewann Uri die Leventina wieder, und eine erste Annäherung mit den Bünden in Rätien bahnte sich an. Der Bund hatte sich endgültig bis zum Bodensee und zum Rhein und durch Brückenköpfe darüber hinaus entwickelt. Der Jura war bis auf die Höhe des Neuenburger Sees im eidgenössischen Bereich. Man stand unmittelbar vor den Städten und Schlössern der savoyischen Waadt. Im alpinen Bereich waren die Wasserscheiden überschritten.

Die Eidgenossenschaft war ein anderer Bund als etwa die Hanse, die schwäbischen und rheinischen Städtebünde oder die Lega Italica. Ein neues »Volk« war entstanden, die »Schweizer«. Der Name des aggressivsten und »demokratischsten« Ortes war zur Gesamtbezeichnung der Bürger, Landleute und Untertanen des neuen Landes geworden. Es ging eben nicht allein um eine territorialherrschaftliche Verschiebung der Machtverhältnisse, sondern auch um ein Vordringen und eine Sicherung genossenschaftlicher Prinzipien, sei es in »demokratisch«-ländlicher Form, sei es in republikanisch-städtischer. In den gleichen Jahren mußte der Schwäbische Städtebund im dritten Städtekrieg seine zweite und endgültige Niederlage 1449 bei Esslingen gegen den Grafen von Württemberg einstecken, der nun rund um die Reichsstädte herum an den definitiven Ausbau seiner schwäbischen Territorialherrschaft gehen konnte.


## 3.3. Die kommunale Bewegung in den Alpen und Voralpengebieten

Ganz Europa wurde im 14. und 15. Jahrhundert von einer »kommunalen-demokratischen« Volksbewegung erfaßt, die in den schweizerischen Gebieten zu besonderem Erfolg gelangte, während sie anderswo Episode bleiben sollte.

Schon im 13. Jahrhundert war in den Drei Waldstätten die »communitas« anstelle des Dynasten getreten, wenn auch in Form eines von einheimischer Führerschicht geleiteten Sippenverbands. Die Geschlechter, die die freiheitliche Entwicklung der ersten Bünde gelenkt hatten, werden jedoch alle um die Mitte des 14. Jahrhunderts gestürzt: Die Attinghausen in Uri, die Hunwil in Ob-, die Waltensberg in Nidwalden. Die Talschaft kauft systematisch den adligen und den fremden Grundbesitz auf oder enteignet ihn. Das Territorium wird Gemeinbesitz, Besitz der Dorfgemeinden, die es genossenschaftlich verwalteten: Wälder, Alpen, Gewässer, Allmenden. Soziale Unterschiede in Besitz und Ansehen bleiben bestehen, es gibt arme und reiche Bauern nebeneinander. Doch sind alle Landleute – die Hintersässen abgerechnet – politisch gleichberechtigt. Die Volksversammlung aller Landleute, die »Landsgemeinde«, wird zum obersten Organ des Landes. Sie findet jedes Frühjahr in doppelter Form statt: Einmal zur Organisation der Allmendprobleme, dann als höchste Landesversammlung überhaupt, als letzte Appellationsinstanz in Rechtshändeln, als Entscheidungsforum für die Gesetzgebung, als Wahlgremium der höchsten Landesbehörden, des Landammanns und der übrigen »Häupter«. Für die Behandlung der laufenden Geschäfte bestellte man den Landrat als Vertretung der einzelnen Landesteile bzw. der Gemeinden. Solche Landsgemeinden bilden sich in Uri, Schwyz, Ob- und Nidwalden, Glarus und Zug.

Diese kommunale Bewegung war außer in der Innerschweiz noch in drei weiteren benachbarten alpinen Regionen, Appenzell, Wallis und Rätien, von Erfolg begleitet.

Besonders merkwürdig ist die Befreiungsbewegung der Appenzeller in ihrem voralpinen Hügelland nördlich des Säntis. Sie beantworten die von 1360 an straffer werdende Territorialherrschaft des

Abts von St. Gallen mit dem Zusammenschluß der Gemeinden (Rhoden), mit dem Anschluß an den schwäbischen Städtebund (1377) und zuletzt mit offener Revolution. Ein Landrecht mit Schwyz soll die Bewegung absichern. Bei Vögelinsegg und am Stoß (1403/1405) wehren sie kombinierte äbtische und österreichische Niederwerfungsversuche ab, um anschließend während drei Jahren burgenbrechend und plündernd alle umliegenden Gebiete, besonders den Bodenseeraum und das Vorarlberg bis ins Nordtirol heimzusuchen, im Stil einer wilden Bauernbewegung, die sie schließlich im »Bund ob dem See« gemeinsam organisieren. Doch bricht alles durch eine Zufallsniederlage bei Bregenz 1408 zusammen, und die Appenzeller können froh sein, ihr eigenes Land als eidgenössisches Protektorat (1411) aus der Katastrophe retten zu können. 1442 erwerben sie den Blutbann und werden Reichsland, 1452 werden sie durch die Eidgenossen als »Zugewandter Ort« anerkannt. Schließlich kaufen sie die äbtischen Rechte auf. Appenzell ist ein »Land« mit Landsgemeindeverfassung nach innerschweizerischem Muster geworden.

Die kommunale Bewegung hat noch weitere Gebiete umfaßt, d.h. fast alle dem alpinen Raum vorgelagerten Landschaften. Doch blieben diese Land- und Talschaften sowohl in der inneren kommunaldemokratischen Entwicklung wie in den äußeren des Unabhängigkeitsbestrebens auf halbem Wege stehen, weil sie zu einem Territorium eines Kantons oder der gesamten Eidgenossenschaft wurden. Gerade die Waldstätte pflegten Gebiete, die sie sich angeeignet hatten, als demokratische Institutionen mit Landsgemeinde und Landrat zu organisieren, allerdings unter obrigkeitlicher Kontrolle des betreffenden Orts. Doch besaßen solche Gebiete weitgehende Privilegien und ausgebaute Selbstverwaltung. Solche »halbfreie« Talschaften bilden sich im alpinen und voralpinen Gebiet – z.B. im Greyerzerland, im Entlebuch, im Toggenburg, nicht im Mittelland, wohl aber verstreut im Jura – etwa Valangin im Fürstentum Neuenburg und Moutier-Granval im Bistum Basel. Ähnliche »demokratische Autonomie« – in praxi Selbstverwaltung durch habliche Hofbauern – findet sich aber nicht allein im eidgenössischen Bereich, sie konnte sich im Tirol, in Westfalen, in Friesland, in Schweden bis in die neuere Zeit erhalten.

Daß diese halbfreien Talschaften durch die Eidgenossen selbst an der vollen Entwicklung ihrer Unabhängigkeit gehindert worden sind, ist ein Zeichen des raschen Abklingens der kommunalen Bewegung. So scheiterte Obwalden am Versuch, die benachbarten luzernischen Untertanen im Entlebuch sowie die bernischen im

Oberland zu revolutionieren; ebenso Schwyz bei den Zürcher Oberländern sowie die Appenzeller und Stadt-St. Galler, die noch 1489 das Fürstenland von der Abtei St. Gallen lösen wollten. Diese kommunale Bewegung war getragen von einer alpin-voralpinen Bevölkerung von »Hirten«, von Viehzüchtern und Bauern. In ihr traten durchaus revolutionär-anarchistische Züge hervor. Es ging gegen die »großen Hansen« – auch im eigenen Land. Oft ist das Jungvolk der Träger, handfest, aggressiv bis zum Terror. Die Obrigkeiten der Landsgemeindekantone – aus der Oberschicht der Länder bestellt – befanden sich sehr oft in der peinlichen Lage, sich zwischen ihren wilden Landsleuten und der Verpflichtungen den anderen Orten gegenüber entscheiden zu müssen.

### 3.4. Die kommunale Bewegung im Wallis und in Graubünden

Das Bistum Sitten war als Land zwischen Alemannen, Burgundern und Lombarden mit den zwei wichtigen Paßübergängen, Großer St. Bernhard und Simplon, lange Zeit selbständiges geistliches Fürstentum geblieben, bis die Herzöge von Savoyen sich das Unterwallis sicherten. Es gelang jedoch den deutsch sprechenden Oberwallisern, den Zugriff auf das Simplongebiet 1388 bei Visp – im Jahr von Näfels und Döffingen – abzuwehren. Parallel zum Kampf gegen Savoyen erfolgte die Ausmarchung zwischen den Adelsgeschlechtern des Tales, besonders der Turn und der Raron; schließlich wendet sich das Volk gegen die Herren, ein Konflikt, der mit dem archaischen Mittel der »Mazze« geführt wurde, einem grobgeschnitzten Maskenbild, das man im Interesse des »gemeinen Mannes« von Ort zu Ort trägt. Rückhalt geben die Eidgenossen von Uri, Unterwalden und Luzern, mit denen ein Landrecht 1416/17 abgeschlossen wird.

In der ersten Hälfte des 15. Jahrhunderts kann sich das Wallis – der Teil unterhalb Sitten bleibt vorderhand savoyisch – föderalistisch und »demokratisch« organisieren. Aus den sieben Zenden, ehemaligen bischöflichen Verwaltungseinheiten, Goms, Brig, Visp, Raron, Leuk, Sierre und Sion (die drei Städte Leuk, Sierre/Siders und Sion/Sitten werden in dieser Zeit mehr oder weniger germanisiert, doch bleiben die Dörfer der zwei untersten Zenden französisch sprechend), entstehen »demokratische« Landschaften mit Zendengemeinden, Zendenrat, Zendenhauptmann und Zendenpannerherr. Es teilen sich bäuerliche, städtische und adlige Elemente in die obrigkeitliche Verantwortung.

Das Land als Gesamtheit wird dualistisch regiert. Dem Bischof und dem Domkapitel steht seit dem 14. Jahrhundert der Landrat als Repräsentant der Zenden gegenüber. Der Landeshauptmann, der Statthalter und der Landschreiber figurieren als Regierungsausschuß des Landrats. Erst 1630 wird schließlich das Bistum in eine Republik umgewandelt, in welcher dem Bischof nur noch Ehrenvorrechte verbleiben.

Die dritte erfolgreiche kommunale Bewegung spielt sich in Rätien ab. Die Raetia Prima, nun »Churwalchen« genannt, hatte ihren eigenen Charakter gewahrt, ein Alpenland mit wichtigen Durchgangsstraßen (Lukmanier, Bernhardin, Splügen, Septimer, Julier, Maloja, Fuorn). Churwalchen war allmählich zum ausgesprochenen Dynastenland geworden, in welchem sich jedoch genossenschaftliche Bildungen befanden: Freie rätoromanische oder italienisch sprechende Kommunen sowie die deutsch sprechenden freien Walsergemeinden. Dazu traten die Zunftstadt Chur und die gebirgsbäuerliche Abtei Disentis. In der Auseinandersetzung mit meist auswärtigen Dynastengeschlechtern entstanden drei Bundessysteme. Der Gotteshausbund (1367) mit den zwei Schwergewichten der Stadt Chur und der Landschaft Engadin wurde im Moment gegründet, als der Churer Bischof sein Gebiet Österreich in die Hände spielen wollte. Der Obere oder Graue Bund (1395/1424) bildete sich unter starker Beteiligung des lokalen Adels und der Abtei Disentis im Gebiet des vorderen und hinteren Rheins. Der Zehntgerichtenbund (1436) war ein Zusammenschluß der Toggenburgischen Gebiete im Prätigau, in Davos und im Albulatal anläßlich des Aussterbens des Grafenhauses.

Die Gemeinden und Bünde griffen immer nachdrücklicher in verschiedene Adelsfehden ein; insbesondere führte der Schamserkrieg von 1452 zu einer großen gemeinsamen Aktion mit nachfolgendem Burgenbuch. Die Drei Bünde gewannen immer mehr an Gewicht, hielten gemeinsame Tagungen ab, und zwischen 1440 und 1473 war der Schulterschluß perfekt, doch wurde erst 1524 ein gemeinsamer Bundesbrief geschaffen. Nachdrückliche eidgenössische Hilfe war hier nur 1499 während des Schwabenkrieges, der Ausmarchung mit Österreich, nötig, doch stand man seit dem Beginn des 15. Jahrhunderts in Beziehungen zu Uri, Glarus und Zürich. 1497/98 wurde mit den sieben östlichen Orten ein Freundschaftsvertrag geschlossen. Die Raetia Prima war durch die »grawen Puren« zum Freistaat der Drei Bünde gemacht worden. Dessen Basis bildeten ein halbes Hundert von Gerichtsgemeinden, meist geschlossene Talschaften umfassend. Noch sprach die Mehrheit rätoromanisch, wenn auch von 1450 an eine friedliche Germanisierung der Stadt Chur und der nördlichen Talschaften erfolgte. Die »Gerichte« waren »demokratisch« organisiert, mit Volksversammlung, Rat, Landammann. Sie führten eigenes Siegel, eigenes Banner und verfügten über volle Gerichtshoheit. Die Gerichte gehörten primär zu ihrem Bund, zu dessen Tagungen sie Abgeordnete entsandten. Das Schwergewicht verlagerte sich jedoch bald auf den Gesamtbund, d. h. den »Bundestag« von 63 Boten der Gerichte, und den »Kongreß« der drei Bundeshäupter, dem Landrichter (Grauer Bund), dem Bundespräsidenten (Gotteshausbund) und dem Bundeslandammann (Zehngerichtenbund). Allerdings unterstand jeder Bundestagsbeschluß dem »Referendum« der »Gerichte«, die Veto- und Initiativrecht besaßen. Erst in einem zweiten Verfahren war ein Mehrheitsentscheid möglich.

## 3.5. Die »Zunftbewegung« in den Städten

Die Städte zeichneten sich von vornherein durch eine bestimmte Schichtung der Bevölkerung aus. Die Basis bildeten die Handwerker und die Verwaltungsleute, unfreie Dienstleute, besonders in den Bischofsstädten und den Pfalzen. Je nach Charakter der Stadt spielten die Kaufleute und Unternehmer eine entscheidende Rolle. Schließlich war die Stadt ein beliebter Aufenthalt des umliegenden Adels. Divergierende Interessen zwischen den feudalistischen Adligen und den kapitalistischen Kaufleuten führten zu Auseinandersetzungen, aus denen je nachdem die Schicht der Handwerker als Gewinner hervorgehen konnte. An der Wende vom 13. zum 14. Jahrhundert organisierte sich das Handwerk in Zünfte, die entweder bloße gewerbliche Interessengemeinschaft mit sozialen und kirchlichen Aufgaben waren, oft aber auch politische Bedeutung gewannen, so in Italien und in Flandern. Im Reich hat als erste Straßburg 1332 die Zunftmeister am Stadtregiment beteiligt. Die Bewegung setzte sich rheinaufwärts fort und erreichte die Städte Basel, Zürich, Schaffhausen, St. Gallen und Chur. Hier werden die Ritter entweder ganz aus dem Rat gedrängt oder zumindest zu einer bloßen Zunft degradiert. Auch die kaufmännische Vertretung erfährt eine Reduktion auf eine bestimmte Anzahl von Zünften. Es ist mit der Zeit allerdings möglich, reine Handwerkszünfte zu unterwandern.

Besonders »demokratisch« wirkte die Erweiterung des Rats durch den Großen Rat, der zur eigentlichen Repräsentation der Bürgerschaft wird. Er ist zusammengesetzt aus den Vorständen der Zünfte. Der bisherige Rat wird zum »Kleinen Rat«, der nun den geschäftsführenden Ausschuß des Großen bildet, aus den Zunftmeistern bestehend. Die Volksversammlung aller Bürger wird durch die Errichtung des Großen Rats eigentlich überflüssig und meist zu einem bloßen Wahlzeremoniell. Die relativ kleine Zahl der Gesamtbevölkerung und die relativ hohe der Großratsmitglieder – hundert bis dreihundert – führt dazu, daß ein Großteil der Bürgerschaft irgendwie am Stadtregiment beteiligt ist. Da das Bürgerrecht offengehalten wird, ist die Zahl der Nichtbürger von geringem Gewicht.

Die »Zunftbewegung« erfaßte das Elsaß, den alemannischen und schwäbischen Bereich, nicht aber den Norden und Osten, wo Nürnberg und Frankfurt als »nichtzünftisch« den Riegel bilden. Im Westen sind dies Luzern, Solothurn, Bern und Freiburg. Zwar beteiligen diese Städte auch einen größeren Teil ihrer Bürgerschaft am Regiment, bauen aber die Zünfte politisch nicht ein. In diesen Städten bleibt, wenn auch hier Kaufleute und Handwerker den Adel weitgehend zurückgedrängt haben, das aristokratische Moment gewichtiger. Stärkere Stadtherren oder straffer geführte Territorialpolitik scheinen der Grund zur Verhinderung der »demokratischeren« Entwicklung gewesen zu sein.

In Großen und Kleinen Räten entwickelt sich fortan überall ein kollektives Bewußtsein der Regierungsverantwortung. Eine republikanische Solidarität führt zu einem egalitären Zug bei »arm und rich«. Er verhindert signoriale Entwicklung. Allzu mächtige Stadthäupter werden gestürzt: Metzgermeister Kistler in Bern (1471), Gerbermeister Waldmann in Zürich (1489), Schneidermeister Varnbüeler in St. Gallen (1490). Die Bürgerschaft der Stadt versteht sich als genossenschaftliche Einheit, als kollegiale Führung des Gemeinwesens und des ihr angehörigen Landes. Der vollfreie Landmann und der vollfreie Bürger fühlen sich politisch gleich und führen gemeinsam die Politik der Föderation von »Städten und Ländern«, sei es als Bürgermeister oder Landammann, sei es als einfacher Handwerker oder Bauersmann im militärischen Aufgebot der kleinen Republik. Daß natürlich Einkommen und Bildungsstand Unterschiede schaffen, daß die entscheidenden Positionen von einer Oberschicht eingenommen werden, liegt auf der Hand.

### 3.6. Die Territorialpolitik der Städte und Länder

Die Eidgenossenschaft verdankt ihr Entstehen und ihre Ausdehnung der Bündnispolitik von Städten und Ländern der »kommunalen Bewegung« und der Territorialpolitik der Städte, der Länder und des gesamten Bundes. Diese Territorialpolitik geht in Konkurrenz zum sich bildenden Territorialstaat der Dynasten. Sie entspricht einem Drang nach Sicherung und Erweiterung wie Erwägungen versorgungspolitischer Art. Es handelt sich um einen Wettlauf um die schwächeren Gebiete und ist ein Ausdruck der wirtschaftlichen Erstarkung der Städte bzw. der Verarmung des Adels, mit dem man »Bettlerkriege« führt.

Die Methoden der Territorialpolitik sind verschiedener Art. Eine Möglichkeit war das Burg- bzw. Landrecht mit schwächeren Partnern, sei es mit Klöstern, Adligen, kleinen Städten oder ländlichen Genossenschaften. Dazu trat die Ausburgerpolitik, d. h. die Aufnahme von untertänigen Landleuten anderer Herren in das städtische Bürgerrecht, womit ganze Landstriche unterwandert werden konnten. Die Ausburgerpolitik wurde mit Erfolg von Zürich, Luzern und Bern angewendet und ist ein Grund zum Laupen- und zum Sempacherkrieg. Ein dritter Weg war der Erwerb von Gerichtsherrschaften durch Stadtbürger, womit Adelsvogteien indirekt der Stadt pflichtig wurden. Schließlich konnte die Stadt, die ja durch ihre Steuererträge über Finanzen verfügte, Gebiet aufkaufen oder sich verpfänden lassen. Die reine militärische Eroberung – oft in Form des »Burgenbruchs « – ist, weil besonders spektakulär, am längsten in Erinnerung geblieben. Eroberungszüge stärkten das Prestige von Stadt und Land, hatten aber lange nicht immer direkte Folgen für den Gebietserwerb.

Der Territorialerwerb war in der Regel nur ein Erwerb von Teilrechten. Erst wenn alle Rechte in der Hand der Obrigkeit waren, war sie zum Landesherrn geworden. Zur vollen Herrschaft gehörten die »Vogtei« bzw. »Twing und Bann«: Polizeihoheit, Steuerhoheit, Abgabenhoheit, Frondienste, Zollhoheit, Wasserhoheit, Niederes Gericht. Dazu traten das Mannschaftsrecht, das Hohe Gericht (Blutbann über Kapitalverbrechen, Raub und Mord) und schließlich die geistlichen Rechte (Pfarreinsatz, Pfründenverleihung, Bezug des Zehnten, geistliches Gericht). Die letzteren Rechte waren schon vor der Reformation teilweise in weltlicher Hand. Der allgemeine Übergang vom Personenprinzip des hohen Mittelalters zum Territorialprinzip der neueren Zeit vollzog sich auch hier sehr langsam und oft nicht vollständig. Wenn »Twing und Bann« bzw. das »Niedere Gericht« und das »Mannschaftsrecht« in der Hand der Obrigkeit war, so pflegte sie sich im allgemeinen schon als bestimmende Gewalt zu fühlen.

Mit dem Größerwerden des städtischen Hoheitsgebietes und mit dessen Arrondierung begann man mit der Errichtung von städtisch-obrigkeitlichen Landvogteien. Diese Entwicklung war bis

Mitte des 16. Jahrhunderts abgeschlossen. Fortan residierte der obrigkeitliche Landvogt auf dem betreffenden Schloß und kontrollierte im Namen der Stadt die ihm unterstellten Dörfer. Er erhielt vom Rat die verschiedenen Weisungen, die allmählich zum politisch-militärischen und auch ökonomischen Zusammenschluß der Gebiete der Stadtrepublik führten: Das Bernbiet, Zürichbiet, Baselbiet usf. waren entstanden. Diese Vereinheitlichung des Gebiets geschah nicht nur auf Kosten fremder Rechte, sondern auch auf Kosten der dörflichen Privilegien. Aus den »Unsern«, den »Angehörigen« der Stadt wurden allmählich »Untertanen« der städtischen Obrigkeit. Doch war diese Entwicklung ungleich, und viel altes Recht konnte weiterbestehen. Unangetastet blieb der private Besitz der Bauern. Die Leibeigenschaft verschwand schon früh bis auf wenige Fälle. Die Obrigkeiten waren daran interessiert, aus Leibeigenen militärdienstpflichtige und abgabenpflichtige »freie Angehörige« zu machen. Allmend- und Waldbesitz blieb den Gemeinden.

An der Landvogteiverwaltung nahmen die Untertanen als »Gerichtssässen« im Landvogteigericht maßgeblich teil. Schließlich war der Bauer wehrpflichtig, was das Recht des Waffentragens in sich schloß.

Es gab Dörfer mit sehr weitreichenden politischen und besonders ökonomischen Privilegien. Ganz besonders autonom aber waren die untertänigen Städte, die Munizipalstädte. Hier stand der hauptstädtischen Obrigkeit oft nur eine allerletzte Aufsicht zu, oft nicht einmal der Blutbann. Auch besaßen solche Städte in der Regel wieder eigene Herrschaften, die sie selbständig verwalten.

Verschiedene Kantone verbanden die Vereinheitlichung des Territoriums mit der Einrichtung der »Volksanfrage«. Bei wichtigen Entscheidungen, etwa neue Steuern oder Kriegserklärungen, gelangte man an alle Landvogteien mit der entsprechenden Anfrage. Die Äußerungen der Bevölkerung der Landvogteien war zwar für die Obrigkeit nicht verbindlich, wogen aber doch schwer bei ihrer Entscheidung. – Für die Bauern bedeutete der Übergang an einen eidgenössischen Kanton in der Regel keine besondere Änderung politischer oder ökonomischer Gegebenheiten, wohl aber die Zugehörigkeit zu einem Land, in welchem der Bauer etwas galt.

Auch die Reichsstädte nördlich von Basel und Schaffhausen haben, allerdings oft weniger nachdrücklich, ihre Landesherrschaften errichtet, die sich zwischen die Territorien der Fürsten und Herren einschoben. Während aber in der Schweiz schon um 1450 Stadtstaat an Stadtstaat grenzte und fürstliches Territorium außer der Abtei St. Gallen und den Grafschaften Neuenburg und Greyerz verschwunden war, so blieben die freien Städte im ganzen übrigen Reich isoliert. Außerdem weisen die größten Territorien (Ulm, Schwäbisch Hall und Nürnberg) nur etwa den Umfang eines mittleren Kantons wie etwa Solothurn auf. Viele besaßen kein oder ein kaum nennenswertes Gebiet, wie das in der Schweiz nur bei St. Gallen und Mülhausen der Fall war. Aber selbst das stattliche Bern ist nicht vergleichbar mit Herrschaften, wie sie Venedig, Genua und andere italienische Stadtstaaten sich aneignen konnten.

# 4. Die Eidgenossenschaft auf dem Höhepunkt ihrer äußeren Macht

## 4.1 Die internationalen Konflikte um Burgund und Italien (1474 bis 1515/1536)

Aus einem mehr regionalen Fehdekrieg zwischen der eidgenössischen Stadt Mülhausen und dem sundgauischen Adel, der sich am Oberrhein nördlich und östlich von Basel abspielte, sollte die Eidgenossenschaft in den großen weltpolitischen Machtkampf um Herzog Karl den Kühnen von Burgund hineingezogen werden. In einer ersten Phase versuchte Herzog Sigmund von Österreich, Vetter des Kaisers Friedrich III. und Inhaber der habsburgischen Vorlande und des Tirols, seine durch die Eidgenossen gefährdeten Besitzungen im oberen Elsaß und im Schwarzwald dadurch zu retten, daß er sie Herzog Karl von Burgund als Pfandschaft überließ. Die energische burgundische Verwaltung in diesen Gebieten weckte jedoch dort eine allgemeine Reaktion. Die Bischöfe und Städte von Basel und Straßburg und die Städte Kolmar und Schlettstadt suchten als »Niedere Vereinigung« Anschluß bei den Eidgenossen, die ihrerseits besonders durch französische Einflüsse zu einem Zusammengehen mit Habsburg geführt wurden. Die »Ewige Richtung« von 1474 sollte den mehr als hundertjährigen Gegensatz begraben. Burgund war mit einer großen Allianz mitsamt dem deutschen Kaiser und dem französischen König konfrontiert. Zum Bruch mit den Eidgenossen führte der von ihnen gedeckte Aufstand in den Pfandlanden. Doch pötzlich standen die Eidgenossen mit ihren vorländisch-österreichischen und elsässischen Verbündeten allein dem Dynasten gegenüber, der über die beste Armee Europas verfügte und im Begriff stand, das karolingische Mittelreich wieder zu errichten. Mailand und Savoyen befanden sich auf seiner Seite.

Als Antwort auf eidgenössische Raubzüge in die Freigrafschaft Burgund und in die savoyische Waadt erfolgte 1476 der Großangriff Karls, der zum Erstaunen aller, zweimal an der Grenze, bei Grandson und Murten, vernichtend abgeschlagen wurde. Der unerwartete Tod des Herzogs in der Schlacht von Nancy 1477, an welcher eidgenössische Söldner maßgebend mitgewirkt hatten, brachte all seinen Besitz zur Liquidation. Da den Eidgenossen mehr an Geld und Soldmöglichkeiten gelegen war, fiel ihr territorialer Gewinn recht bescheiden aus: Ein paar vorgeschobene bernisch-freiburgische Positionen in der Waadt und solche der Walliser und Berner im unteren Rhonetal. Die Freigrafschaft, auf die Bern aspiriert hatte, ging schließlich an Habsburg.

Aber durch die Burgunderkriege hatten sich die Eidgenossen unversehens in die vordersten Ränge der Weltpolitik gespielt, vornehmlich aufgrund ihrer militärischen Kraft, die nun von allen Seiten begehrt wurde. Gleich nach dem Kriege kamen Verträge mit Mailand, Savoyen, Österreich, Ungarn und dem Papst zustande, und auch mit Frankreich blieb man in Beziehungen.

Zwanzig Jahre nach dem Burgunderkrieg begann die lange Auseinandersetzung der französischen Valois und der deutschen Habsburger um Italien. Hier nun konnte der Einsatz der Schweizer Söldner in großem Ausmaß geschehen. Für die internationale Politik, d. h. für die Waffengänge, wurde es immer entscheidender, wer die Schweizer Reisläufer auf seine Seite ziehen konnte. Das Jungvolk fand mehr denn je Gefallen an der freien Reisläuferei. Die Kantone waren in der politischen Richtung uneins, da den westlichen Orten – Bern vor allem – Absichten gegen die Waadt hin lieber waren als die ennetbirgischen der Waldstätte, Zürcher und Bündner.

In einer ersten Phase neigte man mehr Frankreich zu (1494 f.); 1510 gelang es aber Papst Julius II. durch den späteren Kardinal Matthäus Schiner, seit 1499 Bischof von Sitten, alle Kantone und Zugewandte für seine Sache zu gewinnen. Für vier Jahre wurde nun der Krieg um das Herzogtum Mailand (1512 bis 1515) im Rahmen der »Heiligen Liga« gegen Frankreich von den Eidgenossen einheitlich geführt. Man konnte 1512 ein eidgenössisches Protektorat über das Herzogtum errichten. 1513 bestätigte der erstaunliche Sieg von Novara ihre Kontrolle über die Lombardei, und ein Vorstoß gegen das französische Burgund bis Dijon war ein militärischer Erfolg. Dann aber setzte der neue König von Frankreich, François I., zur diplomatisch-militärischen Gegenoffensive an. Es gelang ihm, die Eidgenossen weitgehend politisch zu isolieren, dann zu spalten, und als eine zufällige Begegnungsschlacht vor den Toren Mailands bei Marignano (heute Melegnano) am 13./14. September 1515 sich in eine blutige Niederlage wandte, führte dies zu Verzicht und Wendung bei den Eidgenossen. Ein Friedensschluß (1516) und eine Soldallianz (1521) brachte die Eidgenossenschaft in ein enges Verhältnis zu Frankreich. Es erschien nun als willkommenes Gegengewicht gegen die umfassende Macht Karls V. Die Schweizer sollten aber als Teil der französischen Armee 1522 bei Bicocca und 1525 bei Pavia noch zwei weitere schlimme Niederlagen erleiden. Ihre Taktik, in spießstarrenden Haufen kompakt anzugreifen und so mit überwältigender Kraftentfaltung den Feind niederzuwalzen, zeigte sich, nachdem sie lange Erfolg gehabt hatte, der modernen koordinierten Gefechtsführung, dem Einsatz von Handfeuerwaffen und Artillerie, nicht mehr gewachsen.

Das territoriale Resultat der kurzen Großmachtzeit war damit nur die Sicherung der gemachten Eroberungen über den Alpen, der »Ennetbirgischen Vogteien«: Sieben eidgenössische im heutigen Kanton Tessin und drei bündnerische im Addatale. – Die Eroberung der Waadt durch die Berner im Jahre 1536 bildete ein späteres Gegenstück im Westen. Sie erfolgte ebenfalls im Rahmen des großen Konflikts Valois/Habsburg. Das halbe Jahrhundert Mitmachen in der großen Politik in der merkwürdigen Rolle eines sich verkaufenden, geldgierigen, derben und wilden Kriegervolkes war nur rascher Aufstieg und rascher Zerfall gewesen, eine momentane Forçierung der Kräfte der Föderation, deren Führung uneinig und von der Maßlosigkeit ihrer Leute abhängig war.

Für den Gang der Weltereignisse bedeuteten die Siege über Karl den Kühnen die Zerstörung einer großen Möglichkeit des späten Mittelalters, aus der nur die Valois und die Habsburger für ihre Großstaaten Nutzen zogen. Im Ringen der beiden Fürstenhäuser um die europäische Hegemonie auf Kosten Italiens blieb der eidgenössische Einsatz Episode. Der Traum, der 1513 noch gehegt werden konnte, es den Römern, deren militärische Kraft sie besäßen, bald gleichzutun, war sehr rasch zerronnen.

Was die Zeit überdauerte, war aber ein militärisch-kriegerischer Ruhm, der sich als Furcht und Achtung vor diesem sonderbaren Gebirgs- und Bauernvolk noch lange erhalten sollte, denn als Partner für Soldbündnisse blieben die Schweizer weiterhin sehr umworben. Schließlich war während all diesen für Europa so merkwürdigen Begebenheiten ein neuartiger Staat hervorgetreten, der zwischen Alpen und Jura, Genfer und Bodensee die Dinge in seine eigene Hand genommen hatte, und der sich nun konsolidieren und stabilisieren sollte.

## 4.2. Die wirtschaftliche und soziale Lage der Eidgenossenschaft

In dem aus städtischen und bäuerlichen Kommunen bestehenden neuen Staat war die adlige und geistliche Agrarwirtschaft verschwunden und hatte der städtischen Territorialwirtschaft oder der bäuerlichen Genossenschaftsordnung weichen müssen. Die Kolonisationsbewegung in den Alpen und im Jura war abgeschlossen, wie auch das Zuviel an Städten sich wieder rückgebildet hatte. Die

Siedlungsmöglichkeiten waren größtenteils erschöpft, die Wälder, die Gewässer in den Bereich menschlicher Organisation geraten, der freie Bewegungsraum eingeschränkt. Die Bevölkerung stieg von 1400 bis 1500 von etwa 600 000 auf 800 000. In guten Jahren genügte das eigene Korn nur für den größeren Teil des Mittellandes (Bern, Aargau, Thurgau). Die übrigen Gebiete waren auf Einfuhr angewiesen, aus Burgund, Schwabenland, dem Elsaß oder der Lombardei. Die Städte mußten bewußte Kornpolitik treiben. In den verschiedenen Bündnissen spielte denn auch der freie Kornkauf eine gewichtige Rolle. Ganz vom Ausland abhängig war man das Salz betreffend, das man aus der Freigrafschaft (ein Grund zur diesbezüglichen bernischen Politik) oder aus Salzburg und Tirol bezog. Die Schweiz war ja ein Land ohne Bodenschätze; der eifrig betriebene Bergbau blieb ohne große Ergebnisse. Die Schweiz war auf Export angewiesen. In den Alpen stellte man sich nun großteils auf die Ausfuhr von Schlachtvieh, Hartfettkäse und Butter um. Ein Austausch des schweizerischen »Hirtenlands« mit dem schweizerischen »Kornland« spielte sich ein. Die Städte Zürich, Basel und Freiburg exportierten Textilien. St. Gallen hatte von 1400 an den führenden Platz in der Leinwandindustrie des Bodenseeraums eingenommen und stand in Verbindung mit den Messen von Wien, Krakau, Genf und Lyon. Die Exporte der Schweizer Städte gingen sehr weit, bis in die Levante, nach Ägypten, nach Polen und Ungarn. Als Austauschstätte im schweizerisch/schwäbischen Grenzraum hatte sich in Zurzach eine regionale Messe unter dem Schutz des eidgenössischen Landvogts von Baden entwickelt.

Fern- und Nahhandel wurden durch die eidgenössische Landfriedensordnung gefördert. Das eidgenössische Gebiet galt als sicher. Die Kantone verstanden es auch, eine mehr oder weniger einheitliche Zollpolitik zu führen und zu starke Zersplitterung zu vermeiden. Der Gotthard, für dessen Sicherheit man schon sehr früh gesorgt hatte, wurde zur zentralen europäischen Verbindung und stellte die Bündner wie die Walliser Pässe in den zweiten Rang. Wichtig war aber auch der West-Ost-Verkehr dem Jurafuß entlang, der fast ausschließlich zu Wasser geführt werden konnte und den von 1536 an Bern zu einem guten Teil kontrollierte. Die Handelsunternehmungen und das Geldwesen gelangten bald einmal in einheimische Hände, nachdem man die Juden sehr früh (1349/1401) und später die Lombarden vertrieben hatte. Als neues Unternehmen erwies sich die Reisläuferei, deren Organisation von den »Pensionenherren« übernommen wurde.

Die Bevölkerung war noch sehr mobil. Die Städte mußten periodisch ihren Mauerring erweitern, Zuzug kam von weither, aber auch aus der engeren Nachbarschaft. Sozialer Aufstieg war leicht möglich, und es zeichnete sich bei erfolgreichen Kaufleuten und Handwerks- und Soldunternehmern die Tendenz zu einer junkerlichen Lebensart ab. Dies konnte denn auch zu sozialen Spannungen führen, sei es in der Stadt selbst, sei es von der Landschaft aus. Gerade die unruhigen Zeiten der Mailänderkriege führten von 1513 an zu Bauernunruhen in vielen städtischen Kantonen. Den Obrigkeiten gelang es fast überall ohne harte Eingriffe, die Bewegungen durch vertragliche Konzessionen aufzufangen. Es zeigte sich, daß Regierende und Regierte sich noch nicht auseinandergelebt hatten, sondern daß eine gewisse patriarchal-demokratische Einstellung die herrschende war.

## 4.3. *Spätmittelalterliche Kultur*

Im Ausland galt die Schweiz als sonderbares, rauhes Gebirgsland bäuerlichen Charakters. Die kulturellen Zentren Europas lagen gewiß anderswo, an Fürstenhöfen, in den monarchischen Hauptstädten, in Prag, Wien, Paris oder London, oder in den stadtstaatlichen Signorien der italienischen Kommunen, in den bürgerlichen Großstädten Flanderns und der Hanse. Die eidgenössischen Städte bedeuteten ein relativ bescheidenes Stück oberstes Deutschland, eine schlichtere Fortsetzung der Pfaffengasse des Heiligen Römischen Reiches bis ins unwirtliche Gebirge hinein.

Ein besonderes Kennzeichen mochte da und dort die zerstörte oder zerfallende einstige Herrenburg sein bzw. das Fehlen der Schloßanlage im Stile der Spätgotik oder der Renaissance.

Frei konnte sich das bäuerliche Brauchtum entfalten, und da insbesondere die alpine Welt der Sennen mit ihren Sagen und Märchen. Den Paßstraßen entlang war italienischer Einfluß anzutreffen. Vielerorts entstanden staatliche Dorfkirchen mit spätgotischen Schnitzaltären und markanten Käsbissentürmen, da und dort auch einfache Patriziersitze und ländliche Rathäuser. Viele Städte haben im Kern bis heute ihren spätgotischen Charakter beibehalten: Stadtbefestigungen, Tore und Türme, die Straßenzüge. Vor allem schritt man zum Bau der repräsentativen Stadtkirche, manchmal in Konkurrenz zur alten Klosterkirche oder zu den Ordenskirchen der Bettelmönche. Rat- und Zunfthäuser wurden zu Zeugen der korporativen Organisation und Geselligkeit. Doch blieb dies alles im Vergleich etwa zu Augsburg, Nürnberg oder Straßburg von bescheideneren Ausmaßen.

Auch im Bildungswesen setzte sich die bürgerliche Welt durch. Die

Zeit der Benediktinerschulen war ja längst vorüber; immerhin spielten die Bettelorden, Dominikaner und Franziskaner, überall ihre Rolle. Die Schule blieb an sich Sache von Klerikern, doch waren die lateinischen, deutschen bzw. französischen Schulen meist von der Stadt getragen. Universitäten mußte man im Ausland besuchen. 1460 wurde zwar eine Universität in der befreundeten Stadt Basel gegründet. Sie erhielt starken schweizerischen Zuspruch, ohne zur allgemeinen eidgenössischen Hochschule zu werden.

Basel, das 1431 bis 1449 das große Konzil beherbergt hatte, wurde zum Einfallstor des Humanismus, insbesondere durch seine Druckereien, die schließlich Erasmus in diese Stadt zogen. In Basel und anderswo traten humanistisch orientierte Persönlichkeiten hervor, wie der Dichter und Musiker Glarean, der Arzt und Historiker Vadian, der Jurist Amerbach, der Hebraist Pellikan, der Kosmograph Münster, die Prediger Lupulus und Zwingli. Die Humanisten waren sich bewußt, daß diese Nation, die durch Waffenruhm berühmt, in der Welt aber als barbarisch verschrien, auch auf geistigem Gebiet zu besonderen Leistungen berufen sein könnte. Dem Kriegsgott Mars dürfte nun auch Minverva beigesellt werden! Tatsächlich war die Schweiz nun so weit, daß sie im Moment, wo ihr Kriegertum in die Krise trat, in der Welt der Bildung nicht allzuschlechte Figur zu machen begann.

## 4.4. Die Schweiz im Reich und ihr föderalistisches Regierungssystem

Im Laufe des 15. Jahrhunderts hatte sich die Struktur und das System eines eigenen Staatswesens herausgebildet, das vom Ausland her als eine neue Erscheinung betrachtet wurde. Die »Gemeine Eidgenossenschaft des großen Bunds oberdeutscher Lande von Städten und Ländern« verstand sich selbst durchaus noch als Glied des Römischen Reiches – allerdings in konservativem Sinne, wie sich durch die Auseinandersetzung mit dem Reich von 1495 bis 1500 erweisen sollte.

Die Eidgenossen hatten sich den Reformbeschlüssen des Reichstages von Worms (1495) nicht unterziehen wollten und pochten auf alte Reichsprivilegien, die sie von Reichssteuer, Reichsgericht und Wehrordnung dispensierten. 1499 kam es schließlich zum Reichskrieg gegen die Eidgenossen und Bündner, eine Nachbarfehde geführt durch den neuen »Schwäbischen Bund«, der Adligen, Reichsstädte und des Kaisers Maximilian als Inhaber der Grafschaft Tirol. Nach gegenseitigen Plünderungszügen und einigen eklatanten Niederlagen des Kaisers, der Österreicher und des Schwäbischen Bundes (Frastenz, Calven, Dornach) endete dieser »Schweizer«- bzw. »Schwabenkrieg« mit einem Friedensschluß, der die Eidgenossen, analog den größeren Reichsdynasten, der neuen Auflagen des Wormser Reichstages enthob. Die Eidgenossenschaft hielt an einer Reichsvorstellung fest, in welcher Städte und Länder gleichberechtigt neben Fürsten und Herren standen. Im übrigen ging der Konflikt nicht so tief, daß nicht schon 1511 die Verhältnisse mit Österreich in der »Erbeinigung«, einer Erneuerung der »Ewigen Richtung« von 1474, freundnachbarlich geregelt werden konnten.

Der Bund bestand nun aus dreizehn »Orten«, den acht alten, diejenigen, die zwischen Sempacherkrieg und 1415 sich endgültig gefunden hatten (Zürich, Bern, Luzern, Uri, Schwyz, Unterwalden, Zug und Glarus) und den fünf neuen Orten, »Zugewandte«, die zwischen 1481 und 1513 in den Rang von »Orten« gelangten, (Freiburg, Solothurn, Basel, Schaffhausen und Appenzell). Es waren sieben Städte und fünf Länder, die alle über etwelches Territorium verfügten. Diese Dreizehn bildeten den Kern des Bundes, in welchem sie sich gewisser Prärogativen erfreuten: Höherer Rang, Mitregierung in Gemeinen Herrschaften, größerer Anteil an Pensionen, d. h. Jahrgeldern durch verbündete Mächte.

Um die Dreizehn gruppierten sich Verbündete verschiedener Art, die »Zugewandten Orte«. Dazu gehörten drei Städte ohne nennenswertes Territorium, St. Gallen, Mühlhausen und Biel sowie das stattlichere Rottweil. Zugewandte Orte waren auch die zwei Monarchien, die sich dank rechtzeitigem Bündnis mit den Eidgenossen als solche hatten erhalten können. Der Fürstabt von St. Gallen stand mit einem größeren Territorium geistlicher Herrschaft in einem Schutzverhältnis zu den Eidgenossen. Die Grafschaft Neuenburg betrachtete die Verbindung zu den Eidgenossen als eine Garantie der Privilegien von Stadt und Landschaft den ausländischen Fürstenhäusern gegenüber, die, seitdem 1395 das einheimische Grafengeschlecht ausgestorben war, die Herrschaft innehielten. Schließlich standen einige kleinere Gebiete im Protektoratsverhältnis zu einzelnen Kantonsgruppen.

Das Wallis und die Drei Bünde waren als selbständige Föderativrepubliken mit den Eidgenossen auf gleichem Fuß verbündet.

Als gemeinsames Organ hatte sich seit 1400 die »Tagsatzung« herausgebildet, halb Gesandtenkongreß, halb oberste Föderationsregierung. Jeder Ort (auch Stand, später Kanton genannt) delegierte eine Doppelgesandtschaft, mit je einer Stimme. Jeder Entscheid der Tagsatzung ging »ad referendum« zu den kantonalen Obrigkeiten zurück und erhielt erst Verbindlichkeit, wenn alle Orte zugestimmt hatten. Erst durch den »Pensionenbrief« von 1503 (ein Versuch, der wilden Reisläuferei gesamthaft eine Schranke zu setzen) wurde für Bündnisse und Kriegserklärungen das Mehrheitsprinzip eingeführt, das jedoch immer umstritten blieb.

An der Tagsatzung nahmen in der Regel auch die Zugewandten Orte teil. Den Vorsitz führte als »Vorort« der Kanton, in dessen Gebiet die Tagsatzung stattfand; er ging gegen Ende des 15. Jahrhunderts dauernd an Zürich über. Die Stadt Baden, Hauptort der gleichnamigen Gemeinen Herrschaft, wurde schließlich zum festen Sitzungsort erkoren. Als Badekurort bot die Stadt die nötigen Annehmlichkeiten für die oft längeren Aufenthalte der Gesandtschaften.

Rechtlich war die Eidgenossenschaft zusammengehalten durch die einzelnen Bundesbriefe, die auf ewige Zeiten, d. h. unbefristet abgeschlossen worden waren. Sie enthielten allerdings nur ein Minimum von Abmachungen: Hilfsversprechen, Schiedsgericht, gegenseitige Rechtshilfe. Für die »neuen Orte« Basel, Schaffhausen und Appenzell trat dazu die Verpflichtung, bei inneren Streitigkeiten des Bundes »stille zu sitzen«, d. h. sich neutral zu verhalten und sich der Schlichtung zu befleißigen.

Neben den Bundesbriefen war das »Stanser Verkommnis« von 1481 ein für alle Orte verbindliches Bundesinstrument. Es handelte sich um einen Vertrag zwischen allen Kantonen, der gewisse innere Konfliktmöglichkeiten regelte. Nach dem Burgunderkrieg hatte sich nämlich eine Spannung zwischen den Städten und den Ländern ergeben. Einerseits wegen anarchischen Erscheinungen in der Innerschweiz: Zur Fasnachtszeit 1477 hatte der »Saubannerzug« als »thorechtes Leben« zwecks Brandschatzung Genfs, das der Eidgenossenschaft eine Kriegsschuld noch nicht abbezahlt hatte, die halbe Schweiz in Schrecken gesetzt. Dazu kam ein Jahr darauf der Versuch einer Befreiung des Entlebuch von seiner luzernisch-städtischen Herrschaft, hinter welcher Obwaldner Regierungskreise standen.

Andererseits wehrten sich die Länder gegen die Aufnahme der zwei Städte Freiburg und Solothurn in den Bund, da dadurch ihr Übergewicht aufgehoben wurde. Vermittelt durch den hochangesehenen ehemaligen Staatsmann von Obwalden, den nun als verehrter Einsiedler in seinem Lande lebenden Nikolaus von Flüe, kam ein Kompromiß zustande. Die Länder konzedierten die Aufnahme der zwei Städte, ja sogar das Verbot jeglicher ungesetzlicher Zusammenrottung, womit sie gewisse revolutionär-demokratische Grundsätze preisgaben – andererseits wurde die absolute Gleichheit der Kantone – ob groß oder klein – zum Prinzip erhoben und

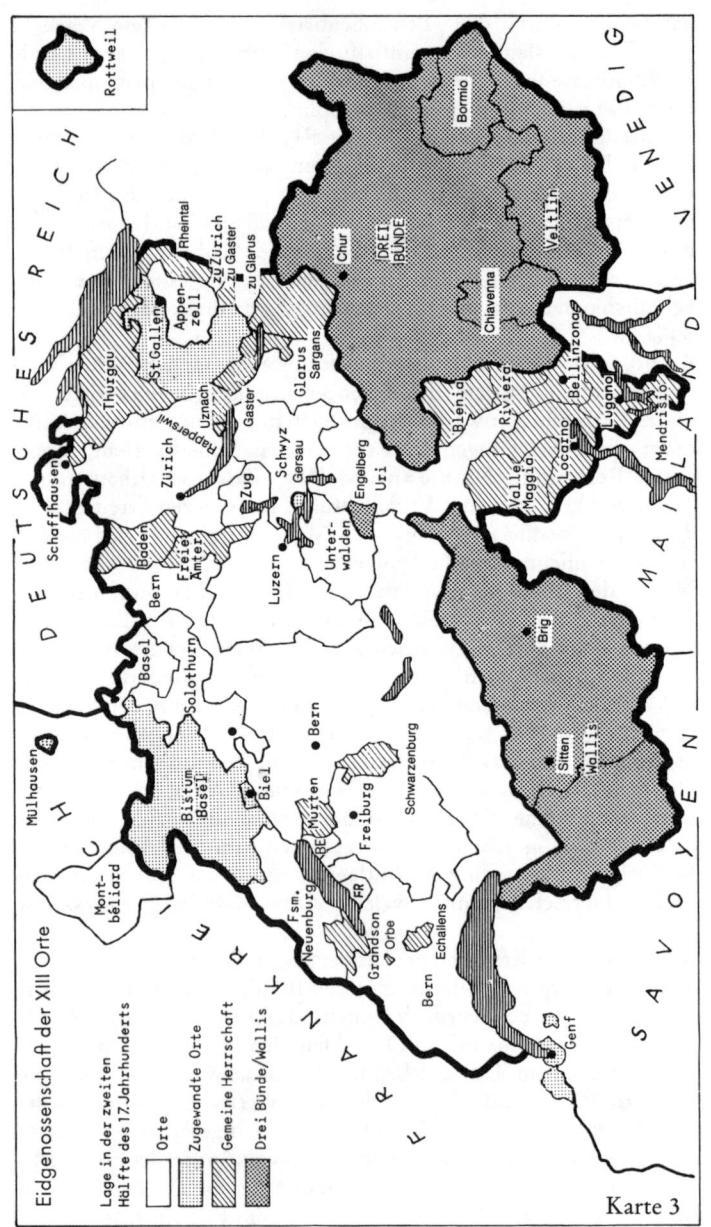

Eidgenossenschaft der XIII Orte

Lage in der zweiten
Hälfte des 17. Jahrhunderts

Orte
Zugewandte Orte
Gemeine Herrschaft
Drei Bünde/Wallis

Karte 3

Rottweil

DEUTSCHES REICH

VENEDIG

MAILAND

SAVOYEN

FRANKREICH

Mülhausen
Mont-béliard
Basel
Solothurn
Bistum Basel
Biel
Fsm. Neuenburg
BE
Murten
Grandson
Orbe
Echallens
Bern
Schwarzenburg
Freiburg
FR
Bern
Genf
Sitten
Wallis
Brig
Bern
Luzern
Unter-walden
Engelberg
Uri
Schwyz
Gersau
Zug
Freie Ämter
Baden
Zürich
Rapperswil
Uznach
Gaster
Glarus
Sargans
Schaffhausen
Thurgau
St. Gallen
Appenzell
Rheintal
zu Zürich
zu Glarus
zu Gaster
Chur
DREI BÜNDE
Bormio
Veltlin
Chiavenna
Misox
Bellinzona
Lugano
Locarno
Valle Maggia
Riviera
Blenio
Mendrisio

52

so konnte diese zweite lebensgefährliche Krise der jungen Nation glücklich überwunden werden. Das »Verkommnis« sollte sich auch späterhin als tragfähige Lösung erweisen.

In das Stanser Verkommnis wurden auch die zwei alten Briefe des vergangenen Jahrhunderts, der Pfaffen- und der Sempacher Brief, aufgenommen und als allgemeinverbindlich erklärt.

Es blieb vorderhand bei diesen drei »Konkordaten«. Dazu aber ergab sich aus den »Abschieden« der Tagsatzung allmählich ein gewisses Bundesrecht, ganz abgesehen von der gewohnheitsrechtlichen Tradition des »Eidgenössischen Herkommens«.

Für die Zusammenarbeit der Orte war neben und vor der Einrichtung der Tagsatzung schon längst die Praxis des »Eidgenössischen Rechts«, des Schiedsverfahrens, von Bedeutung geworden. Alle Bundesbriefe sahen ein Schiedsverfahren bei Streitigkeiten vor. Im allgemeinen setzte sich das Modell des Zürcher Bundes durch: Ernennung von je zwei Schiedsrichtern durch die zwei Parteien bzw. Kantonsgruppen, die ihrerseits einen neutralen obersten Schiedsrichter zu nominieren hatten. Dieser Schiedsrichter hatte nach Beratung mit den vier Richtern den endgültigen Spruch zu fällen, dem sich die Parteien unbedingt zu unterwerfen hatten. Das Verfahren hatte im allgemeinen derart großen Erfolg, daß eidgenössische Vermittlung über den Rahmen ihres Landes hinaus sehr beliebt wurde und den Eidgenossen den Ruf kluger und erfahrener Schiedsrichter eintrug.

Die Zusammenarbeit der Orte wurde von 1400 an des weiteren dadurch intensiviert, daß sie über gemeinsamen Besitz, die »Gemeinen Herrschaften« verfügten. Das »Condominium« war eine damals geläufige Verwaltungsform. Die Herrschaft kam im Prinzip den bei der Erwerbung beteiligten Orten zu. Im 16. Jahrhundert faßte man sie in zwei Gruppen zusammen, die fünf »Deutschen Gemeinen Herrschaften« Baden, Freiamt, Thurgau, Rheintal und Sargans und die vier »Ennetbirgischen« oder »Italienischen« Lugano, Mendrisio, Locarno und Valle Maggia. Reihum stellten die Kantone für zwei Jahre den eidgenössischen Landvogt, dessen Amtsführung für die »Deutschen Vogteien« durch die »Jahrrechnungstagsatzung« kontrolliert wurde. Für die »Ennetbirgischen Vogteien« geschah dies durch eine besondere Kommission, das »Ennetbirgische Syndicat«, welches, aus den Gesandten der zwölf beteiligten Orte zusammengestellt, jedes Jahr über dem Gotthard zum Rechten zu sehen hatte. Außer den neun gesamteidgenössischen bestanden noch ebensoviel Gemeine Vogteien, die nur drei oder zwei Kantonen unterstellt waren und die nach analogen Prinzipien verwaltet wurden.

Die »Gemeinen Herrschaften« waren an sich so strukturiert wie die Territorien der einzelnen Kantone. Hier besaßen die zahlreichen Munizipalstädte und oft die gesamte Landschaft meist weitergehende Freiheiten. Die Eidgenossen hatten jeweils die Oberhoheit der bisherigen Herrschaft übernommen und wenig am herkömmlichen Rechtsstand geändert, so daß diese Territorien von der Vereinheitlichung der städtischen Gebiete nicht erfaßt worden sind. Die Rechte der eidgenössischen Obrigkeit bestanden vornehmlich im Mannschaftsrecht, dem Landvogteigericht (in der Regel mit einheimischem Beisitz) und der obersten Polizeigewalt.

Das System der eidgenössischen Föderation mit Tagsatzung und Syndicatur entsprach üblichen Formen spätmittelalterlicher Regierungsart und hat gewisse Züge mit den Einrichtungen der französischen Provinzparlamente oder der deutschen Landtage gemein. Staatsrechtlich am ähnlichsten ist ihr die Struktur der späteren Niederländischen Republik der Sieben Provinzen mit den Generalstaaten und der gemeinsamen Verwaltung der Generalitätslande. Doch fehlt dem schweizerischen System das monarchische Element der Generalstatthalterschaft. – Die Rechtsgestalt der Eidgenossenschaft sollte in dieser Form mit nur wenig Veränderung bis 1798 Bestand haben.


## 4.5. Das eidgenössische Nationalbewußtsein

Im Laufe des 15. Jahrhunderts war aus dem Bund von Städten und Ländern, in welchem primär das Einzelinteresse der Stadt oder des Landes überwog, eine nicht mehr auflösbare Einheit geworden. Der Begriff des »Schweizers« oder des »Eidgenossen« überhöhte denjenigen des Luzerners, des Zugers oder des Appenzellers. Kennzeichen wurde das durchgehende weiße Schweizerkreuz, das bei Kriegsfahrten auf die Fahnen der Orte geheftet wurde, während der einzelne Krieger zwei gekreuzte Leinwandstreifen auf Brust und Rücken trug.

Zwischen den Burgunder- und den Mailänderkriegen entwickelte sich ein nationales Hochgefühl und eine eigentliche schweizerische Hybris. Man erlebte das gemeinsame Bewußtsein nicht nur bei Kriegszügen und im Reislaufen, sondern auch an den zahlreichen Festlichkeiten in den einzelnen Orten, wo der gegenseitige Besuch üblich wurde. Alle fünf Jahre erinnerte die feierliche Bundesbeschwörung an den Gesamtzusammenhang. Da wurde durch die Bürgerschaft der Hauptstadt und durch Delegationen der Landschaft im Beisein der Jugend jeweils vor den Gesandten aller verbündeter Orte in der Hauptkirche der Bundesbrief verlesen und neu beschworen.

Man war sich einer glorreichen Vergangenheit bewußt. Die einstigen Siege wurden in Liedern gefeiert und alljährlich durch eine Totenfeier, die »Schlachtjahrzeit« in religiöser Form begangen, als eine nationale Wallfahrt.

Vor den Heldenschlachten aber lag die große Geschichte der Gründung der Eidgenossenschaft durch den Rütlischwur der drei ersten Eidgenossen, Walter Fürst von Uri, Werner Stauffacher von Schwyz und Arnold von Melchtal aus Unterwalden, durch den Tyrannenmord Wilhelm Tells am Landvogt Geßler und den anschließenden Bruch der Zwingburgen.

Diese Gestalt hatten die historischen Ereignisse des endenden 13. und beginnenden 14. Jahrhunderts innerhalb von hundert bis zweihundert Jahren angenommen. Sie basieren auf der historisch faßbaren Tatsache der Bundesabschlüsse von 1291 und 1315, auf den verschiedenen Burgenbrüchen und der Loslösung von habsburgischen Abhängigkeiten. Wenn auch die Gestalt des Tell in Varianten auch bei anderen Völkern auftaucht, so ist die Figur des Jägers autochthon und es liegt ein eminent widerstandsrechtlicher Gedanke in allem Geschehen der alpinen Gegenden des 13. und 14. Jahrhunderts. Die Gründungssage läßt sich erst im Laufe des 15. Jahrhunderts in Chronik und Lied fassen. Zur Zeit der Burgunderkriege ist sie allgemeines Geschichtsbewußtsein der Eidgenossen. Diese nationale Legende ist nicht nur Gründungssage, sie drückt auch das ganze Erleben der »kommunalen Bewegung« und der Bundesbildung aus, wie denn auch die verschiedenen Bundesabschlüsse mit der Zeit als »Beitritt« zum ersten auf dem Rütli geschlossenen Bund verstanden worden sind.

Die Gründer des Bundes wurden als »Bauern« betrachtet. Auch wenn die Eidgenossen keineswegs nur bäuerlichen Ursprungs waren, auch wenn ihre Führerschicht dem Unternehmertypus entsprach, so beherrschte die Eidgenossen ein »demokratisches« Sozialgefühl. Man war stolz darauf, als Bauer zu gelten und es den Rittern gleichgetan zu haben. Der Uristier hatte den Habsburger Löwen in die Flucht geschlagen, der »breite, vierschrötige Schwizerknab« wußte, daß »Edellüt sind buren worden und die buren Edellüt, aber die Schwizer sind die rechten Edellüt, ir tugend inen den adel im vorus gitt«. Die eidgenössischen Bauern und Bürger betrachteten sich als »Urfreie«, die damit in der mittelalterlichen Ordnung dem Adel ebenbürtig waren.

Das Bild, das man sich von den Hirtenkriegen der alpinen Gemeinschaften machte, wurde auch auf die Schweizer der Dörfer und

Städte des Unterlandes transponiert. Sie waren die »Kuhmäuler«, Sodomiten, im Kuhdreck watende Barbaren. So verspottet wurden sie von ihren adlig gelenkten Gegnern. Beim gemeinen Mann aber genossen die Schweizer überall hohes Ansehen. Ihnen es gleichzutun, eine Bauernherrschaft aufzurichten, war der Traum der bäuerlichen Schichten im ganzen mittleren Europa.

Die nationale und soziale Komponente, die besonders kraß im Schwaben-/Schweizerkrieg zutage trat, verstärkte sich noch in den Söldnerzügen, welche von den Mailänder- bis zu den Hugenottenkriegen den Charakter eines Konkurrenzkampfes zwischen zwei großen Soldunternehmungen annahmen, zwischen den schwäbisch-deutschen Landsknechten und den Schweizern: »Hie Lanz, hie Schwyz!« Die Landsknechte hoben das militärisch-ständische, die Schweizer das nationale Moment stärker hervor.

Zum kriegerischen Bewußtsein trat ein ausgesprochen republikanisches, ein Verharren in reichsstädtischen bzw. reichsländischen Vorstellungen in der Welt des sich ausbildenden Frühabsolutismus. Darum machte man bei der im Reich praktizierten Rezeption des römischen Rechts nicht mit. Man wollte bei den »alten, sonderbaren Landgebräuchen und Rechten« bleiben, also beim Gewohnheitsrecht alemannisch/burgundischer Herkunft, und nicht zum lateinischen Buchstabenrecht übergehen, das nur akademisch gebildete Juristen verstehen konnten. Man war stolz und eingebildet auf eine alte richterliche Tradition, erprobt im eidgenössischen Schiedsverfahren, ein einfaches Recht des gesunden Menschenverstandes. Tatsächlich ist das römische Recht nur partiell in einigen Städten rezipiert worden und es hat sich darum in der Schweiz viel altes germanisches Recht erhalten. Der Pragmatismus, der die schweizerische Rechtspraxis bis heute charakterisiert, wird wohl damals die entscheidende Wendung genommen haben. Es handelt sich um die gleiche Entwicklung, die sich im England des 17. Jahrhunderts im Festhalten am Common Law gegenüber den römischrechtlich orientierten Stuartkönigen manifestieren sollte.

Schließlich konnten die Humanisten auf die großen antiken Vorbilder für die Republiken des 16. Jahrhunderts hinweisen und betätigten sich eifrig in der Konstruktion entsprechender Geschichtsbilder. Wenn auf den Brunnenstöcken der Schweizer Städte nicht nur der »Alte Schweizer« in der bunten, geschlitzten und provozierenden Kriegstracht des 16. Jahrhunderts steht – übrigens auch in Rottweil – so liebte man im Stil der Renaissance auch die Allegorie der Justitia, wie sie besonders eindrücklich inmitten der Berner Gerechtigkeitsgasse steht: Mit Schwert, Waage und verbundenen Augen hochaufgerichtet über dem Papst (der Theokratie), dem Kaiser (der Monarchie), dem Sultan (der Autokratie) und eben auch dem Schultheißen (der Republik), nur göttlichem Recht verpflichtet.

# 5. Katholische und reformierte Eidgenossenschaft

## 5.1 Zwinglis Reformation und ihre Abwehr

Stärker als viele andere Länder hat die Schweiz die Glaubensspaltung erlebt und ist von ihr geprägt worden. Der Zustand der Kirche war im eidgenössischen Raum weder schlechter noch besser als anderswo.

Fast alle Bischöfe standen in politischem Konflikt mit ihrer Stadt. Wie in andern Ländern hatten die Territorialherren, d. h. hier die Kantone, längst mit einer gewissen Kirchenpolitik begonnen, sei es der geistlichen Gerichtsbarkeit gegenüber oder durch die Übernahme von Patronatsrechten und Schutzherrschaften von Klöstern, wie etwa Bern, das seinem städtischen Vinzenzstift 1484 gleich ein Dutzend von Klöstern und geistlichen Stiftungen inkorporierte, oder wie Schaffhausen, dessen städtisches Territorium zur Hälfte aus der Schutzherrschaft über Klöster und deren Besitz bestand.

Wie überall fanden sich auch in der Schweiz die Probleme der Pfründenhäufung, der geistlichen Abgaben, der ökonomischen und moralischen Lage des Klerus, der Abhängigkeit von der römischen Kurie; dazu traten aber die besonderen der durch Papst Julius II. und seinen Kardinal Schinder betriebenen Reislaufpolitik. Die wirtschaftlichen und weltpolitischen Hintergründe taten ein übriges: Niederlagen in Italien, Unsicherheit in der Reichspolitik, die Teuerungsjahre 1527 bis 1533. Selbstverständlich fanden Luthers Thesen und Lehren in der eidgenössischen Geistlichkeit und besonders bei den Humanisten großen Widerhall. Damit erhielt Ulrich Zwinglis Pfarrtätigkeit, die sich bis dahin in Glarus und Zürich im Rahmen der erasmischen Reform bewegt hatte, eine neue radikalere bzw. biblizistischere Richtung.

Zwingli war als Toggenburger ebenso Politiker wie Theologe, und es ist kein Zufall, daß ein erster Erfolg in Zürich, der Entscheid gegen das Reislaufen bzw. gegen den Beitritt zum Bündnis mit Frankreich von 1521 war. Im Moment, wo im Reich die erste Phase der Reformation abgeschlossen war, spitzte sich in der Eidgenossenschaft der »lutherische und Philosophenhandel« zu und fand 1523 seine erste Lösung in der Disputation von Zürich. Der Zürcher Rat entschied sich 1525 endgültig für die Abschaffung der Messe zugunsten der Predigt, Zerstörung von Bildern und Orgeln zugunsten des reinen Predigtraums, Säkularisation der Klöster zugunsten von Armenfürsorge, Schulorganisation und allgemeiner Sanierung der staatlichen Finanzen, Aufhebung des Zölibats zugunsten eines neuen Pfarrstandes, der sich am Schriftprinzip zu orientieren hatte. Alles ganz anders konsequent, als dies in Wittenberg geschehen war. Nachdem Zürich sich entschieden hatte, standen die übrigen Orte vor der Frage, sich entweder Zürichs Beispiel anzuschließen oder mit ihm zu brechen. Sukzessive entschieden sich Biel, St. Gallen, Schaffhausen als erste, dann Basel und Mühlhausen und schließlich 1528 Bern, der größte Kanton, zugunsten der Reformation. Diese Entscheide basierten auf den Beschlüssen der betreffenden Bürgerschaften. Sie waren das Werk überzeugter Geistlicher und Laien – wie etwa des Arztes und Humanisten Vadian, des Bürgermeisters von St. Gallen, oder des Künstlers und Reisläufers Niklaus Manuel, des Ratsherren von Bern. Sie alle standen im Banne der überragenden Persönlichkeit Zwinglis. Für sie hatte eine prophetische Zeit begonnen, ein Einbruch des Heiligen Geistes stattgefunden. Für die Republiken war es aber auch die letzte Konsequenz aus der schon längst praktizierten Teilübernahme geistlicher Verantwortungen. Die Obrigkeit bemächtigte sich dieser Aufgabe aber nicht als »Notbischof«, sondern als »Heilsgemeinde«, wo der Gegensatz Kleriker/Laie nun aufgehoben war und jeder Bürger – vom Zunfthandwerker bis zum Ratsherren – die gleiche Verantwortung zu tragen hatte.

Dazu trat das politische Moment des Stadtstaates. Für etliche bedeutete Reformation die endgültige Befreiung von der geistlichen Oberherrschaft bzw. die Möglichkeit, ihr Erbe anzutreten: Für Basel einen Stadtstaat im Birstal, für Biel einen solchen im Südjura, für St. Gallen im äbtischen Fürstenland, für die Drei Bünde und die Stadt Chur die Übernahme der Restbestände des Bistums, für Zürich, Bern und Schaffhausen die Vollendung ihrer Territorialherrschaft. All diese Städte gewannen durch Säkularisation entscheidend an politischer und wirtschaftlicher Macht.

Ein starkes soziales Motiv spielte bei den Handwerkern, den Zunftgenossen der Städte, eine Rolle, denn Patriziat und städtischer Adel blieben im allgemeinen altgläubig und konnten durch die Reformation weitgehend ausgeschieden werden. Mit der katholischen Geistlichkeit verschwand der letzte Rest fest etablierter Hierarchie aus den Stadtrepubliken.

Bei den vollfreien Bauern, d. h. für die Mehrheit der Kantone Glarus und Appenzell sowie für die Drei Bünde war die Reformation die letzte Konsequenz aus ihrer Unabhängigkeitsbewegung. Nun war die Landsgemeinde bzw. die einzelne Dorfgenossenschaft auch in kirchlichen Dingen alleiniger Herr. In diesen drei »Bauernrepubliken« entschied sich die einzelne Gemeinde für oder wider die Reformation.

Bei den untertänigen Bauern setzte man große Hoffnung auf die Übernahme der geistlichen Herrschaften durch die Gemeinden selbst. Hier fanden die radikaleren Ideen der »Täufer« guten Boden. Eine Zeitlang drohte die Bewegung des deutschen Bauernkrieges, die ja teils ihre Wurzeln in der Schweiz hatte, auch auf die Eidgenossenschaft überzugreifen. Zwingli kam der Bewegung sehr geschickt durch finanzielle Konzessionen entgegen.

Doch ist der Entscheid zur Reformation in den Untertanengebieten zwar teils durch Volksanfragen eingeleitet, letztlich aber durch die Obrigkeit, den Großen Rat der Hauptstadt, herbeigeführt worden. Die Reformation war für die Untertanen auch Fortsetzung ihrer antiobrigkeitlichen Tendenzen, wie sie sich von 1513 an überall geäußert hatten. In den »Kappelerbriefen« von 1531 konnten die Landschaften von Zürich und Bern ihren Herren noch einmal Zugeständnisse abringen. Die eidgenössischen Obrigkeiten verfuhren anders als die deutschen, die damals den bäuerlichen Widerstand brutal erledigen sollten.

Ein Teil der Städte aber und die Mehrzahl der Länder blieb den Neuerungen verschlossen. Die Anhänglichkeit an alten Brauch und herkömmliche Sitte, die demokratischen Zustände, die auch der Geistlichkeit nicht sonderlich viel Macht verliehen, die Tradition des Reislaufens, der Einfluß mächtiger Familien, schließlich auch eine Abneigung gegen diese neue Zürcher Sonderung mochten in den Ländern, die stärkere Position der Patrizier in den Städten Freiburg und Luzern entscheidend wirken. In richtiger Erkenntnis der Lage rüsteten sich diese altgläubigen Kantone zu rascher Abwehr. Schon 1524 schlossen sich Luzern, die Drei Waldstätte und Zug zusammen zum Block der »Fünf Orte«. Die Lage wurde bedrohlich, als sich der neue Glaube in den Gemeinen Herrschaften rund um Zürich herum immer stärker ausbreitete. Dem sollte die eidgenössische Disputation in Baden von 1526 ein Ende setzen. Doch wurde alles wieder durch den Übertritt Berns 1528 verdorben. Ein erster bewaffneter Eingriff der Unterwaldner und Urner im Berner Oberland, das die Reformation nicht annehmen wollte, scheiterte an Berns entschlossenem Eingreifen.

Zürich gelang es von 1527 an durch »Christliche Burgrechte« ein neugläubiges Bündnissystem im Stil eines Städtebundes zu errichten: Zürich und Bern als Kern, darum herum St. Gallen, Schaffhausen, Biel, Basel, Mülhausen und die zwei deutschen Reichsstädte Konstanz und Straßburg. Die Fünf Orte schlossen am 22. April 1529 die »Christliche Vereinigung« mit Österreich ab und verbanden sich enger mit dem Wallis. Ein erster Zusammenstoß der sich bei Kappel an der Grenze zwischen Zürich und Zug gegenüberstehenden Truppen konnte im Juni 1529 schiedsrichterlich vermieden werden; doch mußten die Fünf Orte auf ihre österreichische Bindung verzichten (Erster Landfrieden).

So trieb Zwingli seine Burgrechtspolitik weiter. 1530 traten Zürich, Basel und Straßburg in engere Verbindung mit Landgraf Philipp von Hessen, der daran war, die deutschen Fürsten und Städte evangelischer Konfession zu sammeln. 1531 kam der »Schmalkaldische Bund« zustande, dessen Nahtstellen zum »Christlichen Burgrecht« Straßburg und Konstanz bildeten. Zwinglis Pläne gingen letztlich auf eine allgemeine Allianz gegen Karl V. aus, unter Einbezug von Frankreich und Venedig. Aber »der fyne spilmann zart, der al spil kond bereiten« hatte die Saiten zu sehr überspannt. Zwar gelang es ihm noch, Bern zu einer Proviantsperre, der dritten, gegen die Fünf Orte zu bewegen. Der Angriff der Fünf Orte aber kam unerwartet. Es gelang ihnen bei Kappel am 31. Oktober 1531 leicht, das schlecht geführte und schwache Zürcher Aufgebot zu schlagen. Zwingli war unter den Gefallenen. Nach einem ebenso leicht erfochtenen zweiten Sieg über das nun stärkere Aufgebot der reformierten Orte diktierten die Fünf Orte am 20. November 1531 den »Zweiten Landfrieden«, der bis 1656/1712 Gültigkeit behalten sollte.

Der Zweite Landfrieden stellte für alle Orte und Zugewandte das Prinzip des freien Glaubensentscheides auf, doch verlangte er die Rekatholisierung aller strategisch wichtigen Positionen in den Gemeinen Herrschaften (Freiamt, Gaster, Uznach, Rapperswil), womit für die Fünf Orte die territoriale Verbindung mit den österreichisch-katholischen Positionen im Schwarzwald und im Vorarlberg gesichert blieb. In den ferner gelegenen Gemeinen Herrschaften diesseits der Alpen führte man das System der konfessionellen »Parität« ein, verlangte jedoch eine Vorzugsbehandlung der katholischen Einwohner. Man ließ die Gemeinden, die schon reformiert worden waren, beim neuen Glauben, erleichterte aber den Übertritt zum katholischen.

Diesen ungünstigen Bedingungen zum Trotz blieben im Thurgau, in Baden, Rheintal und Sargans sowie in dem fürstäbtisch-sanktgallischen Toggenburg (der Heimat Zwinglis) die reformierten Gemeinden erhalten, im Thurgau und im Toggenburg als Mehrheit der Landschaft.

Der Zweite Landfrieden sicherte den Fünf Orten überdies eine eigentliche Hegemonie in der Eidgenossenschaft. Sie besaßen in allen Gemeinden Herrschaften, den katholischen und den paritätischen, die überwiegende Mehrheit in der Kontrolle der Verwaltung (die bernisch-freiburgischen ausgenommen). An der Tagsatzung standen die katholischen Positionen der Fünf Orte samt Freiburg und dem sich nun von der Reformation scheidenden Solothurn als sichere Mehrheit den vier evangelischen Städten Zürich, Bern, Basel und Schaffhausen gegenüber. Glarus und Appenzell waren paritätisch geblieben und damit in konfessionellen Dingen paralysiert.

Der neue Glaube konnte sich nach der Katastrophe von Kappel dort, wo der Landfrieden ein Weiterexistieren ermöglichte, erstaunlich gut halten. Der eigentliche Verlust lag im deutschen Einflußgebiet, wo südlich der Linie Straßburg—Esslingen—Ulm in den meisten Reichsstädten die Reformation in zwinglischer Form angenommen worden war. Die theologische Spaltung zwischen Luther und Zwingli im Abendmahlsstreit, wo Zwingli die humanistisch-rationalistischere Haltung vertreten hatte, und der Zweite Landfrieden mit der Aufhebung des Christlichen Burgrechts, wirkten aber trennend. So schlossen sie sich zwischen 1530 und 1537 dem »Schmalkaldischen Bunde« an. Als der deutsche Konfessionskrieg 1546/47 dann ausbrach, da verhielt sich die reformierte Schweiz neutral, weil eidgenössische Solidarität der protestantischen letztlich vorgezogen wurde.

Die Folge des Sieges Karls V. war die endgültige Entfremdung der oberdeutschen Reichsstädte von den schweizerischen. Zwar blieben sie der Reformation erhalten, aber in der andersgläubigen, lutherischen Form; die Landesgrenze wurde zur konfessionellen Grenze. Politisch mußten in 28 Städten die Zunftordnungen zugunsten der Aristokratisierung abgeschafft werden. Damit schied im geistlichen wie im weltlichen Bereich das demokratische Element aus, während es sich in den schweizerischen Städten gerade durch die Reformation verstärkt hatte. Ein ganz realer Verlust war der Untergang der freien Reichsstadt Konstanz, die nicht nur dem neuen Glauben verlorenging, sondern zur österreichischen Provinzstadt umgewandelt wurde.

## 5.2 Die Erweiterung des schweizerischen Raums im Westen durch Bern und Genf

Der Zweite Landfrieden hatte gesamteidgenössisch gesehen nur die Probleme im züricherischen Einflußbereich geregelt. Bern behielt sich im Westen jedoch weiterhin freie Hand vor.

Die beiden Bischofsstädte Genf und Lausanne waren daran, sich von ihrer geistlichen Herrschaft zu befreien. Im Falle von Genf bedeutete dies den Kampf gegen Savoyen, denn das Herzogtum pflegte direkt oder indirekt den Bischofsstuhl zu besetzen und hatte die Stadt in seinem Griff. Genf, das von 1300 an den Messen der Champagne den Rang abgelaufen hatte, war seit 1460/70 durch das französische Lyon um diese wirtschaftliche Schlüsselstellung betrogen worden und suchte einen Weg aus politischer und ökonomischer Isolation. Da bot sich die Hilfe der beiden nächsten Stadtrepubliken, Freiburg (1519/26) und Bern (1526) an. Nach 1530 trieb Bern in seinen französisch sprechenden Burgrechtsgebieten (Neuenburg, südliche Täler des Bistums Basel, Gemeine Herrschaften in der Waadt) die Reformation voran. Im großen Italienkrieg zwischen Frankreich und Habsburg entwickelten sich die Dinge so, daß 1536, im Moment, wo Frankreich zu einem neuen Angriff auf die Herzogtümer Savoyen und Mailand ansetzte, die Stadt Genf – auf Bern gestützt – den Bruch mit dem Bischof vollziehen konnte, worauf Bern ein savoyisches Eingreifen durch den Einmarsch in die Waadt verhinderte. Die savoyische und bischöfliche Waadt wurde so geteilt, daß etwa ein Fünftel des Gebietes an Freiburg fiel, das damit sein Kantonsterritorium verdoppeln und so wenigstens diesen Teil der Waadt für den Katholizismus retten konnte. Wallis sicherte sich den Zugang zum Genfer See, während Bern das ganze große Gebiet zwischen dem Neuenburger See, dem Jura und rund um den Genfer See nach dem Landvogteisystem als »Welschbern« neu organisierte, mit voller Rücksichtnahme auf die französische Sprache, die das bisherige Notarenlatein ersetzte. Der reformierte Glaube wurde ohne nennenswerten Widerstand eingeführt und in Lausanne eine theologische Hochschule gegründet. – Allerdings mußten, nachdem das Herzogtum Savoyen im Frieden von Cateau-Cambrésis wieder restauriert worden war, 1564 die Territorien südlich des Genfer Sees und nördlich von Genf wieder rückerstattet werden.

Die Stadt Genf selbst konnte, was Lausanne mißlungen war, sich unter bernischem Schutz als unabhängige Republik konstituieren, mit einem winzigen und unzusammenhängenden Territorium, von 1564 an wieder ganz von Savoyen eingekreist, das entschlossen war, die Ketzerrepublik zu vernichten.

In Genf war 1536 der französische Emigrant Jean Calvin eingezogen. Er nahm als Reformator der zweiten Generation das Werk Zwinglis mit beispielloser Energie wieder auf und konnte nach rascher Überwindung innerer Widerstände aus Genf das harte Zentrum des reformierten Weltprotestantismus machen. 1559 wurde die Akademie gegründet als Ausbildungsstätte von internationaler Ausstrahlung.

Damit war die Scharte von Kappel mehr als ausgewetzt. Bern hatte nicht nur elf Jahre nach der Niederlage von Pavia demonstriert, daß eidgenössische Expansionspolitik noch möglich war; es hatte die eidgenössischen Machtverhältnisse wieder korrigiert, indem – von Freiburg und Wallis abgesehen – die ganze Schweiz westlich der Saane nun dem reformierten Glauben sicher war.

## 5.3 Die reformierte Schweiz als Kern des universalen Calvinismus

Die konfessionellen und politischen Fragen blieben auch nach den Entscheiden von 1531 und 1536 im Fluß und konsolidierten sich erst im Rahmen der allgemeinen europäischen Entwicklung in der zweiten Jahrhunderthälfte. Der Augsburger Religionsfrieden von 1555 mit seiner Nichtanerkennung der Zwinglianer und Calvinisten bedeutete die Endgültigkeit des innenprotestantischen Schismas, das Konzil von Trient und der Ausbruch der Hugenottenkriege die Unmöglichkeit irgendwelcher Konzessionen an den römischen Katholizismus.

Lebenswichtig wurde, daß sich der Zwinglianismus und der Calvinismus, nach anfänglich harten Auseinandersetzungen, 1566 in der »Confessio Helvetica posterior« zu einer theologischen Einheitsfront fanden. Die »Confessio« grenzte aufgrund der Heiligen Schrift ab gegen Rom, das Luthertum und die Sekten und verpflichtete auf eine gemäßigte Prädestinationslehre. Sie brachte das Ende der toleranteren, humanistischen Linie, die bis dahin von etlichen Theologen und Laien noch durchgehalten worden war. Von nun an konnte die Schweiz Häretikern (Sozinianern und Antitrinitariern) kein Asyl mehr bieten, und es war ganz selbstverständlich, daß die Täufer als Sektierer in Permanenz verfolgt werden mußten. Die »Confessio Helvetica posterior«, die schließlich alle reformierten Orte und Zugewandte unterzeichneten, ist auch für die andern calvinistischen, d. h. »reformierten« Gebiete zum Vorbild geworden. Die Einheit im reformierten Glauben legte man schließlich 1618/19 in der Synode von Dordrecht unter eifriger Mitwirkung der schweizerischen Theologen eindeutig fest. Fortan waren die »Confessio«, die »Canones von Dordrecht« und die kantonalen meist stark vom »Heidelberger« beeinflußten Katechismen die verbindlichen Grundlagen des richtigen Glaubens. Die reformierte Eidgenossenschaft – besonders Bern – bildete den militärisch-politischen Schutz für das exponierte eigentliche Zentrum, die Republik Genf. Aufs engste war man mit den übrigen Reformierten verbunden, die nur noch in der Republik der Niederlande, in einigen westdeutschen Fürstentümern, der Hansestadt Bremen und im Königreich Schottland über staatlich gesicherte Positionen verfügten. Im Frankreich der Hugenotten (diese Bezeichnung scheint vom Begriff »Eidgenossen« zu stammen), im England der Presbyterianer, im türkischen Ungarn und in den Waldensertälern Piemonts bildeten die Reformierten Minderheiten, für welche die Eidgenossenschaft ein solider Rückhalt war, ein Refugium für Verfolgte, eine Ausbildungsstätte für Theologen und eine finanzkräftige Hilfe für notleidende Gemeinden.

In den Kantonen hatte sich nach dem Vorbild Zürichs mit verschiedenen Varianten ein eigener Kirchentypus herausgebildet, den Genf modellartig vervollkommnen sollte. Oberste Behörde war die christliche Obrigkeit, sei es der Rat der Stadt oder die Landsgemeinde. Die »Evangelische Session der Tagsatzung« hatte die Funktion einer koordinierenden eidgenössischen Instanz. In den Staatskörper waren die Synoden der Geistlichkeit, meist mit weltlichen Assessoren, eingebaut. In ihren Händen lagen unter der Leitung des ersten Pfarrers der Hauptstadt, des Antistes, Decans oder Moderators, die Aufsicht über die Geistlichkeit, die Entscheide in kirchlichen Dingen, die Möglichkeit von Vorstellungen oder Protestaktionen der Obrigkeit gegenüber.

In der Republik Genf, im Fürstentum Neuenburg und im Freistaat der Drei Bünde pflegte die Synode bzw. die »Vénérable Classe« oft maßgeblich in die politischen Entscheidungen einzugreifen. Wenn auch die geistliche Hierarchie abgeschafft war, so war die Kirche doch durchaus obrigkeitlich ausgerichtet, sofern man von den Landsgemeindekantonen und von Graubünden absieht.

In einer großen Anstrengung ist nach der Reformation ein neuer Menschentypus geprägt worden. Die Schweizer Reformierten gaben den Puritanern Englands in nichts nach und ihre Theologen gehörten zu den orthodoxesten. Das Arbeitsethos, primär des Bauern, dann aber des Kaufmanns und Handwerkers, erleichterte vielerorts die Industrialisierung und die Entwicklung der kapitalistischen Zentren von Genf, Basel, Zürich und St. Gallen. Die sprichwörtliche eidgenössische Einfachheit erhielt ihre Fortsetzung im reformierten Sündenernst. Die straffe Sittengesetzgebung verminderte allzu sichtbare Standesunterschiede.

Die Umprägung war vornehmlich Werk der Ehegerichte (Chorgerichte, Consistoires), die in jeder Pfarrei der Stadtkantone errichtet worden sind, wo der Pfarrer und die bürgerlichen oder bäuerlichen Chorrichter zusammen eine neue Sittlichkeit aufgebaut haben. Die häufigen Visitationen der Kirchengemeinden durch die Häupter von Kirche und Staat taten das übrige. Der Katechismusunterricht

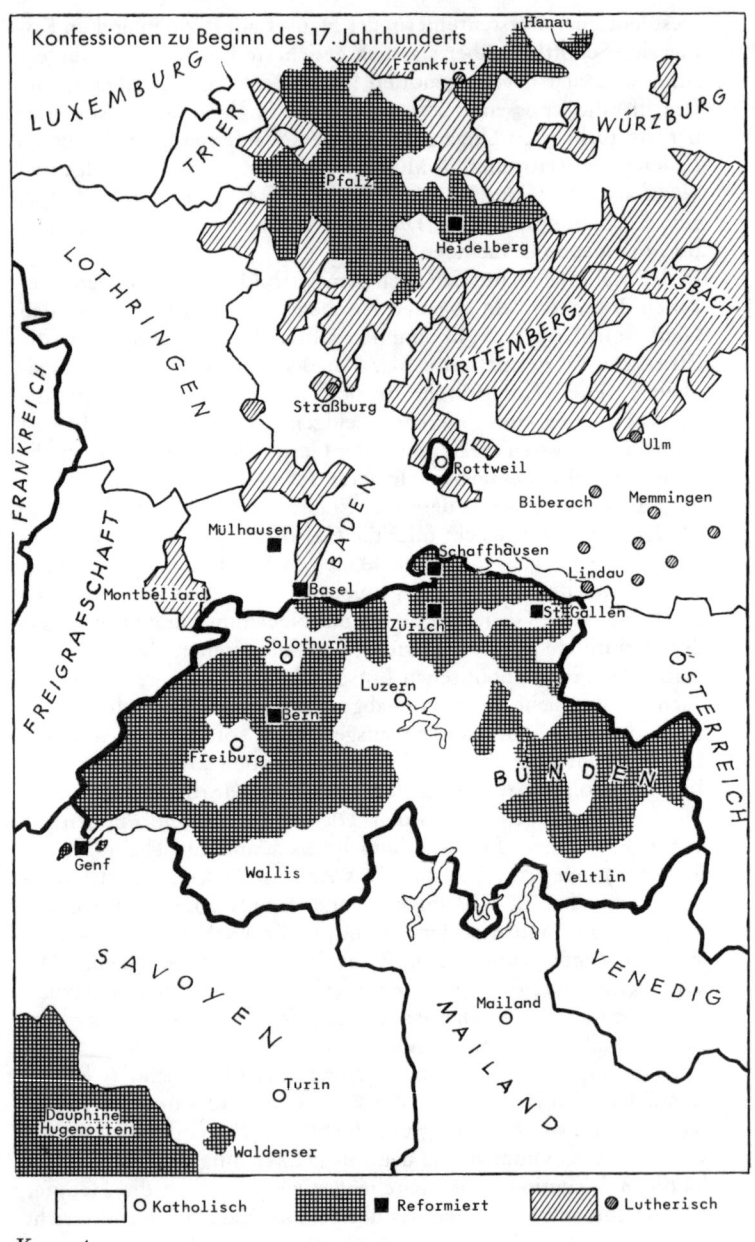

Konfessionen zu Beginn des 17. Jahrhunderts

LUXEMBURG · TRIER · Hanau · Frankfurt · WÜRZBURG · LOTHRINGEN · Pfalz · Heidelberg · ANSBACH · FRANKREICH · WÜRTTEMBERG · Straßburg · Ulm · BADEN · Rottweil · Biberach · Memmingen · FREIGRAFSCHAFT · Mülhausen · Schaffhausen · Lindau · Montbéliard · Basel · Zürich · St. Gallen · Solothurn · Luzern · ÖSTERREICH · Bern · Freiburg · B Ü N D E N · Genf · Wallis · Veltlin · SAVOYEN · Mailand · VENEDIG · MAILAND · Turin · Dauphiné Hugenotten · Waldenser

○ Katholisch    ■ Reformiert    ⊘ Lutherisch

Karte 4

wurde zur Basis einer allgemeinen Volksschulung, während die Lateinschulen und besonders die Hohen Schulen in den Hauptstädten – nur Basel war Universität – für theologisch einwandfreien Pfarrnachwuchs wie auch für die Allgemeinbildung der künftigen Ratsherren sorgten. Sie sind zum Vorbild für die akademischen Unterrichtsstätten der ganzen reformierten Welt geworden.

Das rationalistisch-nüchterne Wesen dieses Protestantismus prägte auch den Charakter der Landschaft: Die Kapellen, die Wegkreuze die Bildstöcke waren verschwunden, die Klöster zu staatlichen Verwaltungszentren geworden. Die von den »stummen Götzen« und »des Teufels Sackpfeife« (der Orgel) gereinigten alten Kirchengebäude genügten vielerorts. Neubauten, wie sie vom 17. Jahrhundert an häufiger werden, brachten mit ihrer einfachen Ausstattung als nüchterne Predigträume einen eigenständigen Stilwillen zum Ausdruck.

## 5.4 Die altgläubige Eidgenossenschaft im tridentinischen Weltsystem

Als erste hatten die Eidgenossen der Fünf Orte nachdrücklich der Ausbreitung des neuen Glaubens Einhalt gebieten können. Doch mußten sie in archaischer Abwehr steckenbleiben, weil erst eine Generation später der Geist des Tridentinums, von 1563 an, die politische Haltung auch zu einer geistigen machen konnte. Am Konzil hatte man sich aktiv beteiligt. Dann griff der Erzbischof von Mailand, Carlo Borromeo, persönlich ein. Er war nicht nur zuständig als geistlicher Herr für gewisse Ennetbirgische Vogteien, sondern verfügte als Sprößling der mit eidgenössischen Kantonen verburgrechteten Grafen von Arona am Langensee über enge Beziehungen zu eidgenössischen Politikern. Seine Visitationsreise durch die Schweiz im Jahre 1570 wurde zur Basis eines umfassenden Reformprogramms: Errichtung der päpstlichen Nuntiatur in Luzern zur Wahrung der Interessen der Kurie, Gründung von Jesuitengymnasien für die Oberschicht in den verschiedenen Hauptstädten, Errichtung von schließlich etwa 25 Kapuzinerklöstern für die Unterschicht in jedem ländlichen Hauptort und jeder Hauptstadt. Dazu trat die Reform der Weltgeistlichkeit durch bessere Ausbildung an den jesuitischen Priesterseminarien sowie am »Collegium Helveticum« in Mailand. An diesen vielfältigen Aufgaben beteiligten sich auch die weltlichen Obrigkeiten. Das weit dichtere Netz von Klerikern benötigte jedoch ein geringeres Engagement als bei den Protestanten. Der Staat wahrte sich ein letztes Aufsichtsrecht über die Klöster, sorgte für Einschränkung der geistlichen Gerichtsbarkeit und verhinderte die Einführung der Inquisition. Die weitverbreitete freie Pfarrwahl (bzw. das Vorschlagsrecht zuhanden des Bischofs) konnte weder Räten noch Gemeinden entzogen werden.

Die Bistümer spielten, außer den intakt gebliebenen von Mailand und Como – in letzterem besaßen Kleriker schweizerischer Herkunft einen gewissen Einfluß – eine geringere Rolle. Chur führte ein unbehagliches Dasein in einer reformierten Stadt und einer mehrheitlich reformierten Föderation. Sitten hatte mit dem Eindringen des Calvinismus in die Walliser Oberschicht zu tun. Das Bistum Lausanne reduzierte sich auf Teile von Solothurn und auf Freiburg, wo der Bischof schließlich seinen Sitz nahm. Die Residenz des Bischofs von Basel mußte nach Porrentruy transferiert werden. Die schweizerische Quart des Bistums Konstanz war von reformiertem Gebiet sehr stark durchsetzt. Die relative Selbständigkeit der eidgenössischen Kantone wurde durch das 1605 errichtete bischöfliche Kommissariat in Luzern sowie diejenigen von Uri und Schwyz unterstrichen.

Der Restbestand der alten Klöster und Stifte konnte sich allmählich wieder reorganisieren. Eine besonders starke Position baute sich die während der Reformation für drei Jahre aufgehobene Abtei St. Gallen auf. Geistlich wurde sie durch ein eigenes »Offizialat« weitgehend von Konstanz unabhängig. Ökonomisch zwar der Stadt St. Gallen weit unterlegen, verfügte sie politisch über ein stattliches Herrschaftsgebiet und lehnte sich nun eng an die katholische Eidgenossenschaft an.

Der reformierten Umerziehungsaktion stand bald eine entsprechende katholische gegenüber. Auch hier war es mit der Gemütlichkeit zu Ende. Die katholische Schweiz ist zu einem Musterland der katholischen Reform geworden, das anderen – etwa Bayern – in nichts nachstand. Die religiösen Gebote wurden, besonders in den paritätischen Gebieten, strikt beobachtet, das religiöse Leben durch Bruderschaft und Tertiarierorden intensiviert. Dieses fromme und eifrige Kirchenvolk hob sich vom nüchtern-arbeitenden und bibellesenden Protestantismus sehr deutlich ab. Die Kantonsgrenzen sind auch zu kulturellen Grenzen geworden. Der barocke Sakralbau sollte den katholischen Gegenden, wo fast keine der romanischen oder gotischen Gotteshäuser erhalten blieben, den Stempel aufdrücken und Zeugnis sein von Macht und Herrlichkeit der alten Kirche, die ihre Anfechtung und Krise glorreich überstanden hatte.

Auf dem Hintergrund der heftigen Auseinandersetzungen der großen Politik zwischen der habsburgisch-spanischen Weltmacht und
den verschiedenen französischen Parteien vollzog sich im Laufe der
zweiten Hälfte des 16. Jahrhunderts die endgültige konfessionelle
Ausmarchung. Der gegenseitige Bestand war seit Beginn des 17.
Jahrhunderts fest und sollte sich bis weit ins 19. Jahrhundert hinein
nicht mehr ändern. Die katholische Schweiz zählte etwa zwei Fünftel der Gesamtbevölkerung, hauptsächlich ländlich-alpiner Art mit
nur drei Stadtkantonen. Sie war wirtschaftlich schwächer und ein-
geschnürt zwischen Zürich, Bünden und Bern. Die reformierte
Schweiz – ihrerseits fast überall von katholischem Gebiet um-
schlossen – verfügte über die reicheren landwirtschaftlichen Gegenden, umfaßte die Großzahl der Städte, darunter solche, die sich
industriell entwickeln sollten.
Darum fühlte sich die katholische Eidgenossenschaft bedroht und
suchte nach soliden Bündnispartnern. Es begann schon 1560 mit
der Verbindung zu Savoyen, dann wurde 1579 das rekatholisierte
Bistum Basel ins System eingebaut, schließlich kam es 1586 zum eigentlichen konfessionellen Zusammenschluß aller katholischen
Orte im »Goldenen Bund« (später »Borromäischer Bund«), dem
ein Jahr darauf die Allianz mit Spanien folgte. Für Spanien war das
Durchmarschrecht – die Eidgenossenschaft lag ja zwischen seinen
Nebenländern Mailand und Freigrafschaft – wichtig sowie der An-
teil an Söldnern; für die Eidgenossen gewisse versorgungspolitische
Erwägungen und die unbedingt zugesicherte Hilfe für den Fall ei-
nes schweizerischen Konfessionskrieges. – Das Wallis brachte die
Fünf Orte von 1604 an wieder ganz auf die katholische Seite.
Im reformierten System führten Zürich und Bern. Beide waren –
Zürich seit 1584 – fest mit dem permanent von Savoyen bedrohten
Genf verbunden. Erst nachdem 1602 der savoyische Überfall der
»Escalade« an der Wachsamkeit der Stadt gescheitert war, konnte
der Herzog zum endgültigen Verzicht sowohl auf Genf wie auf die
Waadt bewogen werden. Reformierten Schutz ließ man Mülhausen
angedeihen, das 1586 wegen seiner protestantischen Haltung von
den katholischen Orten aus dem Bund gestoßen worden war. Zürich und Bern erweiterten ihre Beziehungen zwischen 1588 und
1615 durch Bündnisse mit Straßburg, dem Markgrafen von Baden
(womit eine Verbindung zur »Union« der protestantischen Fürsten
des Reiches hergestellt wurde), den Drei Bünden und der Republik
Venedig.
Alle diese auswärtigen Bindungen hatten defensiven Charakter und

stellten eine Art von Gleichgewichtssystem für die Kantone dar.
Man verstand es tatsächlich, das Ausgreifen der konfessionellen
Konflikte über die Eidgenossenschaft hinaus zu verhindern. Durch
die Existenz paritätischer Gebiete war eine Pufferzone geschaffen,
die einerseits zu permanenten Konfliktsituationen führte, andererseits ein Zusammenleben sowohl im Gesamtbund wie im betreffenden paritätischen Gebiet verlangte. Nur im paritätischen Kanton
Appenzell wurden die konfessionellen Probleme 1597 durch eine
Trennung in die zwei Halbkantone der katholischen »Inneren«-
und der reformierten »Äußeren-Rhoden« gelöst. Die minoritäre
katholische Gruppe im Kanton Glarus konnte sich durch fünf Lan-
desverträge (1532 bis 1687) absichern.
In den paritätischen Untertanengebieten ging es um die Durchführung und Garantie des Zweiten Landfriedens. Die sehr häufigen
Konflikte wurden letztlich vor der Tagsatzung entschieden, wo die
Frage offenstand, ob die katholische Mehrheit Rechtens entscheiden könne. Darum zählen wir zwischen 1555 und 1712, als der
Landfrieden neu konzipiert wurde, etwa 25 grobe Fälle von konfessionellen Auseinandersetzungen, von denen ein gutes Dutzend
schwerwiegende darstellen. Es ging meist um die gleichen Fragen:
Wiedereinführung des katholischen Gottesdienstes und Teilung
der Pfrund bei entsprechendem Begehren (drei Ortsbürger genügten), Neueinrichtung von Schulen und Kirchen, Bestellung der Ge-
meinde- und Vogteiämter, Bürgeraufnahmen, Mischehen, Konver-
sionen, Abhaltung von Prozessionen, Innehalten von Feiertagen,
Ordnung in paritätischen Gottesdiensten, Nichtbeobachtung von
katholischen Zeremonien durch Protestanten, Arbeit an Feiertagen
der anderen Konfession – kurz um tagtägliche Ärgernisse und die
Möglichkeit, die andere Glaubenspartei stets provozieren zu können. Dahinter standen die ökonomisch-politischen Interessen Zürichs bzw. der Innerschweiz. Je nach Schwere der Übergriffe, je
nach politischer Situation konnte auch ein geringfügiger Anlaß zu
schwerster Spannung, ja zu Blutvergießen führen. Doch sollte es
nur zweimal, 1656 und 1712 in den beiden Villmergerkriegen, zu
einem konfessionellen Waffengang kommen. In allen anderen Fällen ging man nie weiter als zum militärischen Alarmzustand und
zur Absicherung allfälliger Hilfeleistungen im In- und Ausland.
In der Regel griff das Ausland im entscheidenden Moment pazifi-
zierend ein. Es hatte kein Interesse an der Änderung des Status
quo. Dem Ausland war wichtig, daß die Kantone die notwendigen
Söldner stellten. Die konfessionelle Neutralität der Eidgenossenschaft war für sie nur ein Vorteil. Neben die Vermittlung durch die
ausländischen Gesandtschaften trat immer auch die innereidgenös-

sische, weniger mehr durch die alte Form des eidgenössischen Schiedsgerichts, als durch das Einschalten neutraler Kantone, meistens der reformierten Orte Basel und Schaffhausen sowie der katholischen Freiburg und Solothurn, die alle vier keinen Anteil an den umstrittenen paritätischen Herrschaften hatten.

Schließlich bestanden nach wie vor genügend gemeinsame Aufgaben: Tagsatzung, Gemeine Herrschaften und Grenzbesetzungen. Wenn auch die feierliche Bundesbeschwörung seit der Reformation in Abgang gekommen war, so war man weiterhin durch ein gemeineidgenössisches Nationalbewußtsein verbunden. Man befand sich allerdings in einer fast schizophrenen Situation, denn einerseits war man »Schweizer«, andererseits mußte man überzeugter Katholik bzw. Protestant sein. Anfangs war die Trennung nur als vorläufige betrachtet worden. Die vollendete Tatsache akzeptierte man erst gegen 1600 hin, aber man verdrängte sie aus dem Bewußtsein. Das Bundessystem kannte de jure die zwei Gruppen nicht, nur de facto wurde innerhalb der eidgenössischen Tagsatzung eine »Katholische« und eine »Evangelische Session« eingeschaltet. Zeitweise waren allerdings Sondertagsatzungen sehr häufig, die von den Katholischen in ihrem »Vorort« Luzern, von den Reformierten im bernischen Aarau abgehalten wurden.

Das Weiterexistieren eines überkonfessionellen Nationalbewußtseins dieses Staates ist jedoch greifbar in den Spielen von der »Alten Eidgenossenschaft«, die nun in barocker Form neben den biblizistisch-humanistischen der Reformierten und den jesuitisch-hagiographischen der Katholiken weitergespielt wurden. Hier beschwor man wie in den verschiedenen Schweizer Chroniken immer wieder die alte, bessere Eidgenossenschaft der Heldenväter, des Tell, des Bruder Klaus, herauf, pries die alte Einigkeit, beklagte »Discordia« und »Superbia« und rief »Libertas« und »Concordia« an. Der Kampf wurde nicht der anderen Konfession, sondern dem »Atheismo« angesagt.

Im übrigen hatten die Dreizehn Orte ein Beispiel direkt vor Augen, wie es gehen konnte, wenn die »Discordia« anstelle von »Concordia« trat: Das Schicksal des Freistaates der Drei Bünde während des Dreißigjährigen Krieges.

## 5.6 Graubünden als Schauplatz des Dreißigjährigen Krieges

Im Freistaat der Drei Bünde hatte die Reformation nach dem Gemeindeprinzip im allgemeinen friedlichen Eingang gefunden. Schließlich waren etwa zwei Drittel des Gebietes reformiert geworden, nur ein Dutzend von Gemeinden hatte sich zur Parität entschieden. Das Schwergewicht der Protestanten lag im Zehngerichtenbund, in der Stadt Chur und im Engadin, das zu einem rätoromanischen Kulturzentrum wurde, da die Reformation die Volkssprache zu einer Schriftsprache gemacht hatte. Im Grauen Bund, dessen Schwerpunkt, die Abtei Disentis, ebenfalls das Rätoromanische förderte, waren die Katholiken in der Mehrheit.

Die Reformation hatte zur schon recht intensiven Föderalisierung Graubündens noch das Ihre beigetragen. Die rätische Synode dieser eifrigen und volksverbundenen reformierten Geistlichkeit begann die Rolle einer Nebenregierung zu spielen. Wirtschaftliche und politische Interessen durchkreuzten das Land, das zwischen den österreichischen, spanisch-mailändischen, zürcherischen und französischen Interessen (Solddienste!) lag. Dazu trat der Gegensatz zwischen den führenden Familien und dem gemeinen Volke. Von 1572 an wurde es üblich, mit dem Mittel des »Fähnlilupf«, des Auszugs unter der Fahne des Gerichts, selbstherrlich durch großangelegte »Strafgerichte« die Führer der jeweiligen Gegenpartei zu erledigen. In diese internen Konflikte spielte immer stärker die Frage der Gemeinen Herrschaften, der ennetbirgischen Vogteien Veltlin, Chiavenna und Bormio hinein. Die Herrschaft der Bündner nahm hier zusätzlich den Charakter einer Protestantisierung an. Die größtenteils katholisch gebliebenen Untertanen, die sich einer weitgehenden Selbstverwaltung erfreuten, fanden dagegen Hilfe bei Mailand, d. h. Habsburg-Spanien. Als die Strafgerichte von 1618/19 auch tief in die Gemeinen Herrschaften übergriffen, reagierten die Veltliner 1620 mit dem »Heiligen Blutbad«, mit der Ausrottung der bündnerisch-protestantischen Herrscherschicht im Veltlin.

Viermal versuchten die Bündner das Veltlin wieder zurückzugewinnen, das spanische Hilfe erhalten hatte. Eine zürcherisch-bernische Aktion provozierte eine inoffizielle der Fünf Orte, womit der Konflikt auf eidgenössische Ebene zu geraten drohte, was die Orte bewog, sich fortan neutral zu verhalten.

Graubünden war schon hoffnungslos in die internationale Konfliktsituation hineingeschlittert, denn für die spanische Armee waren seine Pässe die idealen Verbindungslinien nach den böhmisch-deutschen Kriegsschauplätzen. Zwischen den zwei neutralen Republiken – Venedig und der Schweiz – standen nur die drei bündnerischen Durchgangswege zur Verfügung. Graubünden aber befand sich im konfessionellen Bürgerkrieg. Außerdem bot sich für Österreich die Gelegenheit, noch nicht abgelöste Rechte in Nordostbünden (Zehngerichtenbund, Unterengadin, Münstertal) geltend zu machen bzw. ein Drittel des Freistaates in Besitz zu nehmen. Schließlich ging es um die Prestigefrage der Erhaltung des Katholizismus im Veltlin.

Von 1620 bis 1636 bildete somit dieses Alpengebiet einen Kriegsschauplatz in den großen europäischen Auseinandersetzungen: Sechs Feldzüge, vier von Spanien-Österreich, zwei von Frankreich geführt, wurden von vier kurzlebigen Friedensschlüssen unterbrochen. Das Veltlin befand sich von 1620 bis 1639 nicht mehr in der Hand der Bünde. Nordostbünden mußte von 1622 bis 1624 und 1629 bis 1631 an Österreich abgetreten werden, was nicht nur Ende der Selbstverwaltung, sondern auch Rekatholisierung bedeutete, ein alpines Gegenstück zum Schicksal des Königreichs Böhmen. Schließlich waren es die durch die Kriegszüge großgewordenen Obersten – unter ihnen Jürg Jenatsch, der einstige Teilnehmer an den synodalen Strafgerichten – die im Stile der Feldherren des großen Krieges, der Wallenstein, Weimar, Piccolomini, in einem kühnen Ausspielen der französischen und spanischen Diplomatie von 1636 an die Lösung herbeiführen konnten. Die Drei Bünde gewannen ihr integrales Gebiet mit voller Paßfreiheit wieder zurück. Die österreichischen Rechte auf Nordostbünden wurden mit eidgenössischer Finanzhilfe in den folgenden Jahrzehnten ausgekauft. Auch die Ennetbirgischen Herrschaften gelangten wieder unter bündnerische Herrschaft, allerdings durch Mailand gesichert und unter Wahrung ihres ausschließlich katholischen Charakters. Bei aller Unabhängigkeit und Neutralität band sich Graubünden fortan einseitig an Spanien-Österreich, was auch in der wirtschaftlichen Lage begründet war.

Trotzdem der Krieg in gewissen Gegenden grauenhaft gewütet hatte, erholte sich das Land relativ rasch. Neubauten von Kirchen und Patrizierhäusern zeugen in so und so vielen Bergdörfern davon. Sein andersartiges Schicksal führte den Freistaat in eine gewisse Entfremdung von den Eidgenossen. Er wurde zu einem merkwürdigen in ein halbes Hundert von souveränen Gemeinwesen zerklüfteten Alpenstaat. Alle Versuche, den Bund stärker zu machen, sollten scheitern, doch führten weder politische Parteifehden führender Familien noch konfessioneller Hader je wieder zu eigentlicher Gefährdung des Bundessystems an sich.

# 6. Ancien Régime

## 6.1 Die Entwicklung des Neutralitätsprinzips im 17. und 18. Jahrhundert

Die Eidgenossenschaft blieb als Bündnispartner der Mächte weiterhin begehrt, sei es durch die Bewilligung von Söldnerwerbung oder durch die Erlaubnis des Durchmarschrechts. Die Kompensationen bestanden aus Geldlieferungen an die Kantone und deren Behörden, Handelsprivilegien, Versorgungsgarantien und allfälligen militärischen Hilfsversprechen. Nur das 1602 erneuerte französische Bündnis war seit 1614 (Beitritt Zürichs) eine Allianz aller Kantone; die anderen Bündnisse aber waren allein durch bestimmte Gruppen von Kantonen abgeschlossen worden, vornehmlich das savoyische und spanische Bündnis der katholischen Orte (letzteres ohne Solothurn). Die Verbindungen nach allen möglichen Seiten hatten die Wirkung, daß die Eidgenossenschaft sich nicht mehr gesamthaft einer Partei verschreiben konnte. Im übrigen galten die Dreizehn Orte als mühsame und zähe Verhandlungspartner: »Pas d'argent, pas de Suisses«!

Im Laufe des 16. Jahrhunderts hatte sich gezeigt, daß eine Ausdehnungspolitik nicht mehr möglich war. Der Bund mit Rottweil (1519), die Eroberung der Waadt und die Sicherung Genfs (1536), der Schutz für Mülhausen (1587), die Bündnisse mit dem Bischof von Basel (1579) und mit der Reichsstadt Straßburg (1588) bedeuten letzte und nicht ganz sichere Ausmarchungen. Die vorgelagerten Gebiete, wie die burgundische Freigrafschaft, die Waldstädte Rheinfelden und Laufenburg am Oberrhein, das Aostatal, betrachtete man als »Vormauern« und versuchte sie im Kriegsfall zu neutralisieren.

Der Dreißigjährige Krieg mit dem Schicksal Bündens und der benachbarten Reichsgebiete – die Verteidigung des Hohentwiel durch seine württembergische Besatzung schützte durch lange Jahre Schaffhausen und Zürich – führte erstmals zur bewußten Haltung eines »Neutralstandes«. Die ungern geduldeten Durchmärsche der Schweden und Spanier durch Grenzgebiete im Norden, wie der große von den reformierten Orten gestattete Zug Rohans nach Graubünden, waren Mahnzeichen. Die evangelischen Orte lehnten ein Bündnisangebot Schwedens im Zenit seiner Macht ab. Die inneren konfessionellen Streitigkeiten wurden angesichts der außenpolitischen Lage gedämpft und schließlich die Landesverteidigung besser organisiert. Die Städte modernisierten ihre Befestigungen. Erst 1647 kam es zum Abschluß einer einheitlichen Heeresordnung, dem »Defensionale«, in welchem ein eidgenössischer Kriegsrat und eine auf den kantonalen Kontingenten beruhende Aufgebotsorganisation geschaffen wurde.

Am Westfälischen Friedenskongreß gelang es dem Basler Bürgermeister Wettstein, assistiert durch den Herzog von Orléans, der als Fürst von Neuenburg ein Interesse an schweizerischen Belangen zeigte, die »Exemtion«, d. h. die völkerrechtliche Lösung vom Reich zu erlangen. Kaiser und Reich akzeptierten diese zeitgemäße Konzeption der staatlichen Souveränität. In der Praxis hieß »Exemtion«, daß diejenigen Orte und Zugewandten, die zur Zeit des Schwabenkrieges noch nicht vollberechtigte Stände der Eidgenossenschaft gewesen waren, nicht mehr vom Reichskammergericht belangt werden konnten. In der Folge verzichtete man auf jene Wappenpyramiden, in denen der Reichsadler das Standeswappen überhöht hatte, die »Zuger-Rych«, »Bern-Rych« usw. Die Republik Bern begann statt dessen die Fürstenkrone zu führen und ihrem Schultheißen einen Thron zu errichten.

So fand eine lange Entwicklung ihren Abschluß, die Entfremdung aus dem so anders gewordenen Römischen Reich, wie sie damals auch für die Parallelrepublik der Niederlande völkerrechtliche Tatsache geworden war. Im Laufe des 17. Jahrhunderts sollte in diesen Zusammenhängen auch die Verbindung zum Zugewandten Ort Rottweil allmählich erkalten.

1648 bedeutete aber vor allem eine gewaltige Verschiebung in der europäischen Machtlage. Frankreich, das 1601 auf Kosten von Savoyen die Rhone bei Genf erreicht hatte, stieß 1648 im Oberelsaß an den Rhein bis an die Basler Grenze vor. Die Erneuerung der französischen Allianz konnte 1663 anläßlich der Bundesbeschwörung in Paris zu einer eigentlichen Machtdemonstration des jungen Königs Ludwig XIV. gestaltet werden. Die Schweiz war zu einer antihabsburgischen Position geworden, wie der Rheinbund der westdeutschen Fürsten. Der Löwenanteil an Söldnern war Frankreich sicher. Die Ambassade in Solothurn benahm sich fast wie eine zweite Regierung. Mit den Soldtruppen sprang man um, wie man wollte, und setzte sie wider die Verträge gegen irgendwelchen Gegner ein. 1674 erfüllte sich das Schicksal der spanischen Freigrafschaft Burgund. Die Eidgenossenschaft, in welcher die spanische Partei schwach geworden war, schützte deren Neutralität nicht mehr, die sie seit der Erbeinigung mit Österreich von 1511 hätte garantieren sollen. Frankreich wurde damit plötzlich im ganzen Westen zum Grenznachbarn. Unmittelbar vor den Toren Basels legte es die Festung Hüningen an. 1681 fiel das kurz vorher noch durch bernisch-zürcherischen Zuzug unterstützte Straßburg. Schon drohten das württembergische Montbéliard, das verbündete Bistum Basel und das eidgenössische Neuenburg in den Griff Frankreichs zu gelangen. Nachdem die Fürstabtei St. Gallen schon 1677 aus dem französischen System ausgeschert war und sich Österreich angeschlossen hatte, wandte sich nach der Revokation des Edikts von Nantes auch Bern und Zürich gegen Frankreich. Dem König zum Trotz wurde den Hugenotten Asyl gewährt, zumindest als Durchgangsaufenthalt. 1690/92 schlossen die reformierten Orte Soldverträge mit Österreich und den Niederlanden. Fortan war die neutrale Position wieder hergestellt, denn nun befand sich etwa die Hälfte der Soldtruppen in nichtfranzösischen Lagern.

Dies zeigte sich auch im Spanischen Erbfolgekrieg, wo die Schweiz so kühne Neutralitätspolitik betrieb, daß sie 1709 ein blutiges Aufeinandertreffen der französischen und niederländischen Schweizertruppen bei Malplaquet nicht verhindern konnte. Man hatte sich anfangs strikt neutral verhalten können, wobei Zürich, Bern und die Drei Bünde 1706 sogar eine neutrale Front mit der Republik Venedig bildeten. Doch fielen die katholischen Orte nach dem Übergang Spaniens an Frankreich 1705 wieder auf die französische Seite, während sich Bern und Zürich immer mehr auf die alliierte schlugen. Bern erreichte so 1707, daß die neuenburgischen Stände ihr infolge Aussterbens der französischen Dynastie frei gewordenes Fürstentum in die Hände des Königs von Preußen, der über sehr entfernte Erbansprüche verfügte, spielten. Diese Personalunion bedeutete, daß sowohl der protestantische Charakter Neuenburgs wie seine eidgenössische Position gewahrt werden konnten. – Zu Ende des Krieges fand die Eidgenossenschaft 1713/14 ehrenvolle Aufnahme in die Friedensverträge, von denen einer im schweizerischen Baden abgeschlossen wurde.

Die Neutralität der Schweiz hatte nun endgültig Form und Anerkennung gefunden. Schon zur Zeit Ludwigs XIV. entschloß man sich zum Prinzip der bewaffneten Neutralität, als man 1674 die Neutralitätserklärung mit einem militärischen Grenzaufgebot verband. Das »Defensionale« wurde 1668 verbessert und der Ausbildung der Miliztruppen, besonders in den städtischen Kantonen, große Aufmerksamkeit gewidmet.

Auch während der Kabinettskriege des 18. Jahrhunderts fanden Grenzbesetzungen statt, aber von 1738 an wurde man nicht mehr in die europäischen Friedensschlüsse einbezogen. Die Schweiz war nun einfach neutral und im Spiel der Mächte ohne Rolle. Erst Josephs II. ambitiöse Außenpolitik und die Teilung des wie die

Schweiz in mittelalterlichen Formen steckengebliebenen Königreichs Polen ließen aufhorchen, weshalb 1777 die französische Allianz, welche nach dem Tode Ludwigs XIV. nur noch die katholischen Kantone aufrechterhalten hatten, feierlich erneuert wurde; nun wirklich als Freundschaftsvertrag ohne sonderliche Belastungen.

Die einst so ungebundenen Fremden Dienste nahmen im Laufe des 17. Jahrhunderts den Charakter von ausgesprochenen Garnisonsdiensten mit periodischem Kriegseinsatz an. Ihr Aushängeschild waren die »Schweizergarden«, die »roten Schweizer« der Leibwachen verschiedener Monarchen. Von den etwa 50 000 bis 60 000 Schweizern, die in Fremden Diensten standen, befand sich im 18. Jahrhundert noch etwa ein Drittel in französischen, die übrigen bei den alten Vertragspartnern, Spanien und Savoyen, oder bei den neuen, Niederlande, Österreich und Neapel. Eigentliche Soldunternehmer, patrizische Familien, betrieben das Werbegeschäft mit obrigkeitlicher Genehmigung. Es handelte sich in der Regel um Elitetruppen, von eigenen Offizieren und nach eigenem Recht befehligt. Nach wie vor schien der Fremde Dienst politische und ökonomische Notwendigkeit zu sein. Er garantierte bei gleichmäßiger Verteilung auf die Staaten die Neutralität und er bewirkte eine zeitgemäße Ausbildung von Offizier und Mannschaft, auch absorbierte er das Zuviel an Bevölkerung. Für die armen Gebietskantone bedeuteten die »Pensionen« vertraglich gesicherte Staatseinnahmen. Schließlich bot der Fremde Dienst Untertanen Aufstiegsmöglichkeiten, die ihnen zu Hause verwehrt waren. Fremder Dienst war eine Möglichkeit, das Ausland kennenzulernen, für die Offiziere in Form von gesellschaftlichen und literarischen Kontakten, für die Mannschaft als Gelegenheit in lohnende zivile Dienste überzutreten.

Das 18. Jahrhundert nahm allerdings auch die alte schon in der Reformation geübte schwere Kritik wieder auf: Abhängigkeit vom Ausland in den höchsten Kreisen infolge der berüchtigten »Privatpensionen« und entsprechende Beeinflussung der republikanischen Politik, ganz abgesehen von den negativen Erscheinungen des Berufssoldatentums an sich. Immerhin bestand kein obrigkeitlicher Zwang zum Fremden Dienst wie beim Verkauf ganzer Regimenter, den gewisse deutsche Fürsten zu betreiben pflegten. Doch zwang natürlich soziale Not soundso viele Schweizer in diese Dienste hinein.

## 6.2 Der Wechsel in der Hegemonie des Gesamtstaates durch den Vierten Landfrieden von 1712

Als es mit der spanischen Vorherrschaft in Europa allmählich bergab ging, die so sehr einen Rückhalt für die katholische Eidgenossenschaft bedeutet hatte, trachteten die beiden großen, reformierten Kantone, Zürich und Bern danach, den durch den Zweiten Landfrieden von 1531 geschaffenen Zustand katholischer Fünf-Orte-Hegemonie zu ändern. Ein erster Versuch, um 1656 einen konfessionellen Handel im Kanton Schwyz zu einem militärischen Entscheid auszunützen, scheiterte jedoch an der Entschlossenheit der Fünf Orte, die bei Villmergen im aargauischen Freiamt einen Überraschungssieg über das bernische Heer erfochten. Der Kappeler Friede wurde anschließend als »Dritter Landfriede« im wesentlichen bestätigt. Die wirtschaftlichen Gewichte hatten sich inzwischen noch stärker zugunsten der reformierten Städtekantone verschoben, während der Viehzuchthandel der katholischen Innerschweiz vom 16. Jahrhundert an zu stagnieren begann.

Fünfzig Jahre später konnte jedoch Zürich einen Konflikt zwischen den mehrheitlich reformierten Toggenburgern und ihrem sich immer absolutistischer gebärdenden Landesherrn, dem Abt von St. Gallen, ins Konfessionelle hinüberspielen und schließlich mit Bern zusammen zu einer Auseinandersetzung mit den Fünf Orten machen. International gut abgesichert – sowohl dem Kaiser wie Frankreich waren die Hände durch den Spanischen Erbfolgekrieg gebunden – gelang es ihnen, durch überlegenen Einsatz all ihrer starken Mittel 1712 nach einem kurzen Bürgerkrieg – der endgültige Entscheid fiel, und diesmal sehr blutig, wiederum bei Villmergen – die Fünf Orte zum »Vierten Landfrieden« von Aarau zu zwingen. Zürich und Bern entledigten die Fünf Orte der Mitverwaltung in der ältesten Gemeinen Herrschaft Baden, sicherten sich die Brückenstädte Mellingen, Bremgarten und Rapperswil, womit die Fünf Orte von ihren möglichen Direktverbindungen zu Österreich abgeschlossen wurden. Zürich erhielt die kirchliche Jurisdiktion über die Protestanten in allen ostschweizerischen Gebieten. Bern nahm überdies Einsitz in allen ostschweizerischen Gemeinen Herrschaften, die es bis jetzt nicht interessiert hatte. Das Toggenburg wurde 1718 wieder seinem Landesherrn unterstellt, aber unter zürcherisch-bernischem Schutz.

Der »Landfrieden« verlangte die Durchführung wirklicher Parität in den gemischten Landvogteien, was Gleichberechtigung der beiden Konfessionsgruppen in Kirchen- und Schulsachen sowie in der Gemeinde- und Vogteiverwaltung bedeutete. Zu diesem Behufe

schuf man die »Landfriedliche Kommission« (aus je zwei reformierten Vertretern, Zürich und Bern, und je zwei katholischen,
Luzern und Uri), womit die diesbezüglichen Entscheide der katholischen Tagsatzungsmehrheit entzogen waren. Fortan konnten die
konfessionellen Konflikte tatsächlich gelöst werden, und es kehrten
in den betroffenen Gebieten friedlichere Verhältnisse ein.
Doch waren damit den Fünf Orten alte eidgenössische Rechte in
der Vogteiverwaltung weggenommen oder vermindert worden. Sie
erneuerten denn auch im ersten Zorn gleich alle internen konfessionellen Bündnisse und krönten den Racheakt durch eine Sonderal-
lianz mit Frankreich, eine überstürzte und einseitige Erneuerung
des allgemeinen Bündnisses, ergänzt durch ein geheimes – allerdings vom König nie ratifiziertes – Hilfsversprechen, den »Trückli-
bund«. Dies hatte zur Folge, daß die gesamtschweizerische Allianz
mit Frankreich nach ihrem Ablauf nach dem Tode Ludwigs XIV.
während gut fünfzig Jahren nicht mehr erneuert werden konnte,
denn die Fünf Orte forderten, als deren Bedingung, hartnäckig die
Restitution der verlorenen Vogteien.
Immerhin blieb das Bundessystem weiterhin funktionsfähig. Die
Tagsatzung wurde jedoch von Baden, wo nun Zürich und Bern allein schalteten, nach Frauenfeld in den Thurgau verlegt. Gemein-
eidgenössisch gab es nun, seitdem die konfessionellen Händel sich
vermindert hatten, nicht mehr viel zu bestimmen. Zürich und Bern,
so stark sie auch sein mochten – stellte doch Bern allein zwei Fünftel der Bevölkerung der Dreizehn Orte – waren doch nicht stark
genug, um irgendwelche Änderungen des überkommenen Systems
zu ihren Gunsten herbeizuführen. Jeder Kanton schaute eben für
sich selber und die Konföderation fuhr sich in einem gewissen Im-
mobilismus fest, garantiert durch die bestehende, alten Ordnungen
günstige Gesamtverfassung des europäischen Staatensystems.

### 6.3 Die wachsende Industrialisierung innerhalb der
ursprünglichen landwirtschaftlichen Struktur

Wenn sich auch die politische Ordnung seit dem 16. Jahrhundert
nur wenig geändert hatte, so zeichnete sich im Wirtschaftlichen
während des 17. Jahrhunderts ein allmählicher Strukturwandel ab.
Die Schweiz war nach wie vor kein reiches Land und auf Getreide-
und Salzeinfuhr angewiesen. Vieh- und Käseexport, Fremde Dienste sorgten immer noch für einen gewissen Ausgleich. Dank der
steigenden Bedürfnisse der höheren Gesellschaftsschichten Europas entwickelten sich im Laufe des 17. Jahrhunderts die alten Tex-

tilzentren über ihr bisheriges Ausmaß hinaus: St. Gallen mit Leinwand und im 18. Jahrhundert mit Stickerei, Zürich, Basel und im 18. Jahrhundert dazu Mülhausen und die Stadt Neuenburg, Glarus, Appenzell-Ausserrhoden und das Toggenburg mit Baumwoll-, Seidenweberei oder Stoffdruck. Genf warf sich neben Luxustextilien auf die Uhrmacherei, die auch im westlichen Jura – besonders in den Neuenburger Bergen – heimisch wurde. Überall, besonders aber in Genf und in Basel, spielten die französischen Emigranten durch Vermittlung neuer Fabrikations- und Verkaufsmethoden eine nicht unwichtige Rolle. Der schweizerische Exporthandel begann wieder jene Ausmaße anzunehmen, die er einst im Mittelalter gehabt hatte, und ging darüber hinaus in asiatische und überseeische Gebiete. Schon zeichneten sich in Genf die ersten Anfänge eines eigenständigen Bankwesens ab.

Die Kaufleute gerieten in den Städten beim Aufbau ihrer Unternehmen oft in scharfe Konkurrenz zu den Zünften und sahen sich genötigt, bestimmte Gewerbe in den Arbeitsprozeß einzubauen. Ganz frei konnte sich das Unternehmertum nur in den Landsgemeindekantonen Glarus und Appenzell entfalten, die keine gewerbepolitischen Vorschriften kannten.

Die notwendigen Arbeitskräfte ließen sich auf der Landschaft in den ärmeren, entlegeneren Gegenden finden, Heimarbeiter, die das vom Unternehmer im Verlagssystem gelieferte Rohmaterial verarbeiteten und es dann wieder an ihn zurücklieferten.

Die Industrialisierung führte zu bemerkenswerten sozialen Verschiebungen. Einmal gelangten die Kaufleute, die vielfach als Familienunternehmen den ganzen Arbeitsprozeß – vom Ankauf des Rohmaterials bis zum Verkauf der Fertigware – in der Hand hielten, zu ungeahntem Wohlstand und zu großem Ansehen. Die Heimarbeiter rekrutierten sich aus der besitzlosen, untersten Schicht der »Tauner« oder aus bedürftigen Kleinbauern, die nun durch ihren neuen Erwerb dem Schicksal heimischer Armut, dem sie bis anhin nur durch Fremde Dienste oder Auswanderung hatten entrinnen können, nicht mehr bedingungslos ausgeliefert waren. Man konnte sich jetzt eine bescheidene Existenz im Lande selbst aufbauen, »leichtfertiger«, freier und beweglicher leben als die viel reicheren Besitzbauern. Doch waren die Heimarbeiter wie auch die Unternehmer wirtschaftlichen Krisen ganz anders ausgesetzt. – Im Jura entstand allmählich die geistig interessierte Schicht der Uhrmacher mit den Zentren Le Locle und La Chaux-de-Fonds. Gewisse voralpine Gegenden erhielten durch die Industrialisierung ein ganz neues Gesicht, wo sich die kleinen Weberhäuschen zwischen den alten bäuerlichen Anwesen einschalteten oder in Dörfern die Weberwohnungen zu Häuserreihen zusammengebaut wurden.

Es waren die protestantischen Städte und deren Untertanenlande, die sich industriell erweiterten. In Glarus, Appenzell und Toggenburg war es die protestantische Bevölkerung, die sich auf die Weberei warf. Das freie Unternehmertum, die Industrie an sich, gedieh besser auf reformiertem Boden.

Bern bildete da eine Ausnahme, denn es hatte seine Industrialisierung anders angepackt. Es versuchte nach französisch-merkantilistischen Vorbildern die Industrialisierung durch obrigkeitliche Förderungsmaßnahmen in Gang zu bringen. Aber es war ihm dabei kein Erfolg beschieden. Das gleiche erlebten mit ihren merkantilistischen Maßnahmen die katholischen Patriziate von Luzern und Freiburg, dessen einst so blühende Grautuchindustrie im 16. Jahrhundert eingegangen war. Unter den katholischen Orten hat nur Solothurn gegen das Ende des 18. Jahrhunderts etwelchen industriellen Erfolg zu verzeichnen. In der katholischen Innerschweiz, wo teilweise für die protestantischen Städte gearbeitet wurde, kam immerhin etwas eigene Textilindustrie auf.

Bern und die katholischen Kantone blieben im großen und ganzen bei den traditionellen Unternehmungen stehen, desgleichen Wallis und Graubünden. Beim alten System der zünftisch-gewerblichen Stadt und einer landwirtschaftlichen Untertanenschaft verharrte auch die reformierte Republik Schaffhausen.

Die Grundstruktur der Schweiz blieb durchaus bäuerlich. Im alpinen und voralpinen Bereich nahm neben dem traditionellen Viehhandel der Käseexport an Bedeutung zu – vor allem »Greyerzer« und »Emmentaler« – wichtig für die Schiffstransporte nach Übersee. In der Landwirtschaft des Ackerbaugebiets der ebeneren und voralpinen Gebiete vollzog sich der Bruch mit der alten Ordnung, als im 18. Jahrhundert die Allmendaufteilung ihren Lauf nahm. Während diese aber in Frankreich und England zur Vollendung des Großgrundbesitzes führte, so profitierte in der Schweiz davon die breitere Schicht der eingesessenen mittleren Bauern. So konnte sich ein reiches Ackerbauerntum entwickeln, das im lokalen und regionalen Raum den Ton angab. Schärfer hob sich nun die Taunerschicht von ihnen ab, die, im besten Fall auf Pachtland angesiedelt, meist aber auf unfruchtbarem Boden, an Waldrändern oder im Überschwemmungsgebiet der Flußläufe als Taglöhner, Feldarbeiter, Besenbinder, Saisonarbeiter ihr kärgliches Dasein fristeten. Sie blieben Hintersässen, Zuzüger ohne Anteil am Gemeindegut und der dörflichen Verwaltung. Es gab Siedlungen und ganze Landstriche, die in bitterer Armut dahinlebten, denn nicht überall war genügend Brot und Arbeit für die seit 1700 stark ansteigende Bevölkerung vorhanden. Da blieb oft nur die Auswanderung in aller

Herren Länder und schließlich auch über das »große Wasser« die einzige Lösung. – Dennoch war der allgemeine Eindruck, den man von der Schweiz empfing, derjenige eines wohlhabenden Landes von freien Bürgern und Bauern.

## 6.4. Zwischen Patriarchalismus und Absolutismus

Die in der Entstehungszeit der Eidgenossenschaft von Bürgern und Bauern erworbene relative Selbständigkeit war nun allerdings in jedem Kanton durch die auch hier spürbare allgemeine europäische Entwicklung zum Absolutismus bedroht, selbst in den Landsgemeindekantonen. Seit dem 16. Jahrhundert versuchten dort die Behörden die Macht der Landsgemeinde einzuschränken, sei es durch Entziehung des Volksrechts auf Einberufung von außerordentlichen Landsgemeinden, sei es durch Beschneidung des freien Antragsrechts, sei es durch Übertragung von wichtigen Kompetenzen an den engeren Rat. Trotz Teilerfolgen gelang es nirgends, der Landsgemeinde »den höchsten Gewalt« zu nehmen, denn das »Volk« machte sich immer wieder Luft und die Partei des »Harten« verstand es oft, die obrigkeitstreuen »Linden« zu entmachten. Es kam gelegentlich zu spektakulärem Sturz der herrschenden Landammänner und ihres Anhanges, begleitet von entsprechend roher Volksjustiz, die sich gerne in unverhältnismäßig hohen Bußengeldern zu äußern pflegte. Desungeachtet blieben die patrizischen Familien stark, sei es durch Grundbesitz, Transporthandel oder Soldunternehmungen. Von ihrer Herrlichkeit kündeten die Herrenhäuser in den stattlichen Hauptorten. Zum Patriziat gehörte auch ein Teil der Geistlichkeit, wobei allerdings oft die dem Volk entstammenden Kapuziner Partei für die Opposition nahmen. Der Großteil der Bevölkerung bestand aus Kleinbauern, Leute von urtümlichem Freiheitsbewußtsein erfüllt, auch wenn sie wirtschaftlich oder politisch oft zur Klientel der »großen Hansen« gehörten. Unter den vollberechtigten »Landleuten« stand die Schicht der »Hintersässen«, denen man von der Mitte des 16. Jahrhunderts an den Erwerb des Landrechts immer schwerer machte, denn gerade der kleine Mann mochte seine »demokratischen« Vorrechte nicht mit ihnen teilen, handle es sich um den Allmendnutzen oder um die vielen Amtsstellen, die das Land zu vergeben hatte.

Die Abschlußpolitik, die Schließung des Bürgerrechts, hatte sich auch in den Haupt- und Munizipalstädten durchgesetzt. Es war dies ein Ausdruck einer Schutzpolitik, die der konfessionellen Separation entsprach, oft auch von der Angst, wirtschaftlich nicht mehr weiterexistieren zu können, inspiriert war. Das hinderte nicht, daß man Hintersässen allmählich die Gewerbebetriebe überließ, weil die Magistratur ehrenvoller und scheinbar einträglicher war.

Die städtischen Bürgerschaften setzten sich immer noch aus Handwerkern, Kaufleuten und Grundbesitzern zusammen. In Zürich, Basel und Genf wurden die Kaufleute einflußreicher, während in Bern, Solothurn, Freiburg und Luzern das Schwergewicht auf den Grundbesitzern und den Offizieren in Fremden Diensten lag. In allen Städten konnten viele Bürger von ererbtem Besitz oder von der Magistratur leben. Die Geistlichkeit, der ja auch der Schulunterricht oblag, machte einen nicht unbedeutenden Teil der Bürgerschaft aus, da die Pfarreien meist den Stadtbürgern vorbehalten waren. Man war in so einer Stadt unter sich, man war gegenseitig verwandt, man kannte sich und fühlte sich dabei wohl in echter »Burgerlust«.

Dieses Zusammenleben schaltete jedoch innere Spannungen keineswegs aus. Das 17. Jahrhundert ist überall charakterisiert durch die Entwicklung zum städtischen Patriziat, d. h. zur endgültigen Abkapselung einer bestimmten regierenden Oberschicht innerhalb der Bürgerschaft. Diese Entwicklung wurde durch die finanziellen Möglichkeiten der Fremden Dienste und der Handelsunternehmungen gefördert sowie durch das ausländische Beispiel der Fürstenhöfe, insbesondere Frankreichs, der Welt barocker Hierarchie, die sich schlecht mit dem alteidgenössischen Biedersinn- und Patriarchenideal vertrug. Das 17. Jahrhundert zeigte einen neuen Verhaltensstil in den Städten: Familienzwiste, Bestechungsaffären, Protektionswirtschaft traten deutlicher hervor als früher.

Politisch konzentrierte sich die Auseinandersetzung auf den Kampf um die Macht im städtischen Parlament, um die Verlagerung der Entscheide in den Kleinen Rat, um die Degradation des Großen Rates zur bloßen Akklamationsversammlung. Jede Hauptstadt erlebte diese Ausmarchung in schärferer oder schwächerer Art; am heftigsten Basel, wo 1691 eine eigentliche Zunftrevolte gegen die allzu mächtigen Standesherren für fast ein Jahr lang die Stadt in Atem hielt. In der Regel behauptete der Große Rat seine Souveränitätsrechte, d. h. das letzte Wort zur Gesetzgebung und die Verfügung über die wichtigeren Amtsstellen. Einige Kantone führten zur Wahrung republikanischer Gleichheit das Los- und Ballotsystem ein, eine Mischung von eigentlichen Wahlvorschlägen und blindem Losentscheid.

Während sich die Handwerker in den Zunftstädten schlecht und recht halten konnten, entwickelten die drei katholischen Städte Luzern, Freiburg und Solothurn und das reformierte Bern im Laufe des 17. Jahrhunderts ein *geschlossenes Patriziat*. Durch systematische Familienpolitik wurden schwächere und kleinere Geschlechter aus dem Großen Rat ausgeschieden, bis sich eine bestimmte Gruppe von einflußreichen Familien die Ratssitze und die wichtigsten Amtsstellen sichern konnte. Man überließ der Bürgerschaft dann nur noch sekundäre Aufgaben sowie alle Privilegien der bäuerlichen und kleinstädtischen Untertanenschicht gegenüber. Nur in Bern konkretisierte sich die latente Opposition der Übergangenen 1749 in der aufsehenerregenden Verschwörung des Schriftstellers Samuel Henzi, die aber noch rechtzeitig entdeckt und niedergeschlagen werden konnte. Die patrizische Schicht begann sich auch im Lebensstil deutlich von der bürgerlichen zu scheiden. Mit ihren hohen Offizierschargen, den Magistraturen, den »Campagnen« in den Dörfern und den Gerichtsherrschaften repräsentierte sie auch in der Schweiz jenes adlige Landleben, das die umliegenden Monarchien auszeichnete, allerdings meist in eidgenössisch bescheidenerer Ausgabe und zu Rücksichten auf Bürger und Bauer genötigt.

Am eindrücklichsten manifestierte sich das Patriziat – von Europa oft bewundert – im Stadtstaat Bern, der mit seinen fünfzig Landvogteien einem Fürstentum von der Größe Württembergs gleichkam, solide verwaltet durch eine Aristokratie von teils sehr hohem kulturellem Niveau.

In der Republik Genf wurden die grundsätzlichen Konflikte in calvinistischer Schärfe weit deutlicher ausgetragen als anderswo. Genf hatte im Laufe des 17. Jahrhunderts mit der allgemeinen Entkonfessionalisierung der Spannungen seine außenpolitische Sicherheit gefunden, fest verbündet mit Bern und Zürich, protegiert von Frankreich.

Die Stadt war zu einem blühenden Handels- und Industriezentrum geworden und gegen Ende des 17. Jahrhunderts löste eine ausgesprochen aufgeklärte Theologie die calvinistische Orthodoxie ab. In Genf zerfiel die Bürgerschaft in die Klassen der »Citoyens«, der Altbürger, die ein Magistratspatriziat bildeten, und die »Bourgeois«, die Unternehmer. Die Arbeiterschaft bestand vornehmlich aus Nichtbürgern, Niedergelassenen ohne politisches Mitbestimmungsrecht, »Natifs« und »Habitants« (Niedergelassene der ersten bzw. zweiten Generation). Von 1704 bis 1782 stand die Stadt in periodischen Auseinandersetzungen zwischen diesen Gruppierungen. Es ging um das Prinzip der Verbreitung der Regierungsbasis, um mehr Kompetenzen für die Volksversammlung der Bürgerschaft, des »Conseil Général«, um das Recht der »Repräsentation«. Anfänglich standen sich im Konflikt »Citoyens« und »Bourgeois« gegenüber, dann meldeten sich mit eigenen Forderungen die »Natifs«. Dreimal hatten die Schutzmächte einzugreifen. Es wechselten Perioden von Demonstrationen und Straßenkrawallen mit Zeiten der Ruhe. 1781 war man so weit, daß eine repräsentativdemokratische Verfassung angenommen wurde, die »Bourgeois« bzw. »Représentants« und »Natifs« zusammen ausgearbeitet hatten. Das Patriziat aber rief die Mächte zu Hilfe, die 1782 die Stadt durch ein kombiniertes französisch-savoyisch-bernisches Aufgebot einschließen ließen. Die Stadt kapitulierte und die führenden »Bourgeois«, d. h. die Industriellen, gingen in die Emigration. Acht Jahre darauf brachen die Streitigkeiten, nun aber auf dem Hintergrund der großen Französischen Revolution, an welcher sich Genfer Emigranten aktiv beteiligten, erneut aus.

Die Genfer Verfassungskämpfe hatten internationale Bedeutung, nicht nur, weil in deren zweiter Phase Jean-Jacques Rousseau, der »Citoyen de Genève« an sich, eine wichtige Rolle spielte, sondern weil sich hier die Kräfte der Reform (und Revolution) mit denjenigen des Beharrens, zeitlich vor den entsprechenden Auseinandersetzungen in Nordamerika und in Frankreich, sowohl theoretisch durch Flugschriften wie konkret-politisch miteinander messen konnten.

## 6.5. Obrigkeit und Untertanen

Die Wandlung in der inneren und äußeren Haltung der Obrigkeit mußte sich auch auf das Verhältnis ihren »Angehörigen«, ihren Untertanen gegenüber auswirken. Die demokratischen Ansätze der bäuerlichen und zünftischen Bewegung und der zwinglich-calvinischen Reformation konnten sich in der frühabsolutistischen-orthodoxen Atmosphäre des späteren 16. Jahrhunderts nicht mehr weiter entwickeln. Bezeichnend ist, daß die Obrigkeit mit dem Beginn des 17. Jahrhunderts aufhörte, sich durch »Volksanfragen« an die untergebene Landschaft zu wenden. Die konfessionellen Probleme standen an erster Stelle, und so konnte der zeitgemäße zentralistische Verwaltungsstaat der Hauptstädte in aller Stille aufgebaut werden. Die Notmaßnahmen, die während des Dreißigjährigen Krieges getroffen werden mußten, traten dazu ein Übriges.

Während dieses Krieges konnte jedoch die Landwirtschaft im Schutze der Neutralität durch die Lieferungen in die kriegsbetroffenen Nachbargebiete hohe Gewinne erzielen. Die Nachkriegszeit löste jedoch eine plötzliche Krise aus. Eine rasch und schonungslos durchgeführte Geldentwertung war der Anlaß zu spontaner Reaktion der bäuerlichen Oberschichten in den Untertanengebieten von Luzern, Bern, Solothurn und Basel, die im Frühling 1653 in Huttwil einen »Bauernbund« abschlossen. Es ging ihnen dabei nicht um die Revolution der bestehenden Herrschaftsordnung, wohl aber um wirtschaftliche Postulate und um die Bewahrung der autonomen Verwaltungseinrichtungen.

Hatten noch zur Zeit der Mailänderkriege und während der Reformation die Obrigkeiten einen Weg gefunden, um das gute Verhältnis zu den Untertanen wiederherzustellen, so waren sie nun – ihrer höheren Stellung mehr denn je bewußt – zu keinen Konzessionen bereit. Es gelang der Tagsatzung, mit Truppen aus vom »Bauernkrieg« nicht erfaßten Gebieten – Ost-, Innerschweiz und Welschbern – den »Bauernbund«, der weder über straffe Führung noch über genügende Ausrüstung verfügte, im Juni vernichtend zu schlagen. Härteste Strafen – 35 Todesurteile, Galeerendienst, Verbannung, hohe Geldbußen und Entzug von Privilegien – brachen den bäuerlichen Widerstandswillen vollends. Die von Gott eingesetzte Obrigkeit hatte überall triumphiert, nachdem sie ein halbes Jahr lang gezittert hatte. Hauptstadt und Landschaft waren sich entfremdet. Allerdings verstanden es in der Folge die Obrigkeiten, besonders Bern und Solothurn, durch Maßnahmen, die der Ökonomie der Bauernschaft günstig waren, das Vertrauen ihrer Untertanen einigermaßen zurückzugewinnen.

Dennoch kam der Geist der Rebellion, der nun einmal diesem von demokratischen Vorstellungen einer alten Schweiz geprägten Lande eigen war, nie ganz zum Stillstand. Nach wie vor ertrug die Oberschicht privilegierter Untertanengebiete die Herrschaft übergeordneter Gewalten nicht besonders gerne. Als sich etwa ein halbes Jahrhundert nach dem Bauernkrieg eine Periode konfessioneller Spannungen dem Ende näherte, zeigten sich da in einzelnen Landschaften oder in bestimmten Landstädten wieder Regungen des Widerstandes.

Es handelte sich dabei um lokal begrenzte, lokal erklärbare und durchaus konservativ gerichtete Bewegungen, die in der Regel rasch unterdrückt werden konnten, denn die Solidarität der regierenden Kantone war eine Selbstverständlichkeit. Das göttliche Recht der christlichen Obrigkeit ging immer noch leutend aus den Konflikten hervor, und harte Bestrafungen sorgten weiterhin für die notwendige Abschreckung.

Einzigartig bleibt der Aufstandsversuch des Major Davel, der 1721 die Waadt zur Loslösung von Bern inspirieren wollte und der am gänzlichen Unverständnis dieses welschbernischen Volkes und seiner Regionalbehörden scheiterte.

Bei aller latenten Unzufriedenheit herrschten doch im allgemeinen friedliche Zustände unter der Herrschaft »Unserer lieben, gnädigen Herren«. Ganz ruhig blieb es in den Gemeinen Herrschaften, wo die läßliche Regierung der eidgenössischen Landvögte weder im Guten noch im Bösen sich mit Nachdruck durchsetzen konnte. Wie stark jedoch altverbriefte Privilegien sein konnten, zeigte sich im Sonderfall des Fürstentums Neuenburg, wo der Versuch keines Geringeren als des preußischen Königs und Fürsten von Neuenburg, Friedrich II., auf absolutistische Manier in die innern Verhältnisse dieser Dependenz einzugreifen, am hartnäckigen Widerstand der Stände dieses eidgenössischen Fürstentums scheiterte.

## 6.6. Die Schweizer Aufklärung

Die Schweiz hatte sich im 16. Jahrhundert durch originelle Beiträge an die geistigen Leistungen des Humanismus hervorgetan und in der reformatorischen Bewegung bahnbrechend gewirkt. Dann aber zog sie sich in beiden Konfessionshälften auf die Verfestigung erworbener Positionen zurück. Die neuen Impulse kamen von anderswo, von den Niederlanden eines Grotius', dem Frankreich Descartes', dem England Newtons und dem Deutschland Leibnizens, und sie sollten in der Schweiz anfänglich keineswegs willig aufgenommen werden; ja, 1675 leisteten es sich die reformierten Kantone in der »Formula Consensus« den orthodoxesten Calvinismus noch einmal nachdrücklich allen ausländischen Neuerungen gegenüber zu fixieren.

Am frühesten brach sich jedoch das Neue ausgerechnet in Genf die Bahn, das sich dem Cartesianismus öffnete (Chouet) und eine vernunftgemäßere Orientierung in der Theologie (Turrettini) vornahm, welche zu Beginn des 18. Jahrhunderts auch Neuenburg (Ostervald) und Basel (Werenfels) erfassen sollte. Dann folgte Zürich (Breitinger und Zimmermann), während Bern und die kleinen Kantone noch lang an der »Formula Consensus« festhielten. Die theologische Wendung zur »vernünftigen Orthodoxie«, die im Laufe des Jahrhunderts immer weniger orthodox wurde, erfaßte den größten Teil der reformierten Geistlichkeit und durch sie die ganze Bildung und Erziehung. Die Schweiz spielte sich dadurch wieder in den Kontakt mit der äußeren Welt, vorerst auf theologischem Gebiet durch Überbrückung der Gegensätze zum Anglikanismus und zum Luthertum. Dies hatte zur Folge, daß nun immer mehr England und Deutschland als geistige Partner erkannt wurden und an die Stelle der bisherigen Orientierung nach den Niederlanden oder Frankreich traten. Der Entscheid zugunsten der englischen Welt des »gesunden Menschenverstandes« des sensualistischen Rationalismus geschah durch die in ganz Europa wirksamen »Briefe über die Engländer und Franzosen« (1725) des Beat Ludwig von Muralt. Nachhaltig unterstützten diese Richtung Bodmer und Breitinger in ihrem literarischen Kampf gegen Gottsched und die Leipziger.

Parallel dazu ging ein erstaunlicher Aufbruch der mathematischen und naturwissenschaftlichen Forschung. Was Newton und Leibniz erkannt hatten, das wurde von der Generation der verschiedenen Bernoulli, von Euler, Lambert und vielen andern Schweizern weiter verfolgt, ausgestaltet und popularisiert. Als eigentliche schweizerische Wissenschaft entstand die Hochgebirgsforschung, Anfänge der Geologie, durch Scheuchzer und de Saussure.

Das Hochgebirge aber war nicht allein wissenschaftlich attraktiv. Albrecht von Haller verband in seinem Lehrgedicht von den »Alpen« naturwissenschaftliche Beobachtung mit soziologisch-philosophischer Analyse des Hirtenwesens. Salomon Gessner feierte es in seinen allüberall beliebten »Idyllen«. Der traditionelle »Tour d'Europe« wurde fortan durch die »Schweizerreise« erweitert, nicht allein um des touristischen Erlebnisses willen, sondern der merkwürdigen Menschen wegen, die dieses Land hervorbrachte.

Vorerst war die Westschweiz attraktiv, der Genfer See und seine alpine Umgebung, die klugen Geistlichen in Genf und Lausanne, aber auch die Naturrechtler, Barbeyrac in Lausanne, Burlamaqui in Genf und de Vattel in Neuenburg, die in der französischen Weltsprache die Naturrechtslehren von Grotius und Pufendorf neu aufgriffen und zu Moral- und Völkerrechtssystemen ausarbeiteten, deren Modellcharakter Direktwirkung auf die Gestaltung der Vereinigten Staaten von Nordamerika erzielen sollte. Von Genf kam Rousseau, der sich als Bürger dieser Stadt bekannte und sein so wirkungsreiches merkwürdiges Staats- und Sozialsystem entwickelte, in vielem der Vernünftigkeit des Jahrhunderts entgegen, in vielem inspiriert von eidgenössisch-demokratischen Vorbildern.

Eine Zeitlang stand Zürich im Zentrum des Interesses, wo Bodmer die Talente weckte und anzog, als Literaturkritiker, Entdecker der mittelalterlichen Poesie und vaterländischer Dichter. Nach ihm sollte Lavater noch einmal alle Blicke auf sich richten. Er vollzog in seiner genialen Christlichkeit die Synthese zwischen aufklärerischer Vernünftigkeit und Irrationalität. Auch die Schweiz war von der pietistischen Bewegung, die hier an täuferischem Erbe anknüpfen konnte, erfaßt worden. Schließlich sollte Pestalozzi mit »Lienhard und Gertrud« den großen Wurf der Volkserziehung tun, beispielhaft die pädagogischen Bewegungen des Jahrhunderts vertiefend.

Der Ruf der Schweizer war erstaunlich. Hatte man sie für Jahrhunderte nur als zuverlässige Soldaten und Hausdiener gekannt, so begann man sie nun als Privatlehrer in alle Länder zu berufen. Sie hatten den Vorteil, daß sie entweder französischer Zunge waren oder doch dieser Sprachen leichter mächtig als andere; ihr »bon sens« machte sie angenehm. So ist es kein Wunder, daß Friedrich II. und Katharina II. ihre Akademien in Berlin und Petersburg mit schweizerischen Wissenschaftlern bestückten. Die medizinische Autorität des Jahrhunderts, Haller, begründete die medizinische Fakultät der neuartigen deutschen Universität in Göttingen. Als sozialkritische Schriftsteller machten sich Zimmermann und Iselin einen Namen; die »Ephemeriden« des letzteren versuchten im Sinne der modernen ökonomischen Bewegung der Physiokratie auf das deutsch sprechende Publikum einzuwirken. So hat die Schweiz zwischen 1720 und 1780 einen erklecklichen Beitrag insbesondere zur deutschen Aufklärung geleistet.

Es ist typisch für die schweizerische Bewegung, daß sie sich keineswegs in wissenschaftlicher Theorie erschöpfte, sondern sehr bald in die Praxis der Republiken ging. In der zweiten Jahrhunderthälfte verdichteten sich die verstreuten Impulse zu einer eigentlichen »helvetischen« Bewegung. Es waren die Schüler der »Väter« Bodmer und Haller, die sich 1761 in der »Helvetischen Gesellschaft« fanden, eine freundschaftliche Vereinigung, die schließlich aus allen Kantonen Mitglieder zählte und ein Diskussionsforum darstellte, das unter den zahlreichen gesellschaftlichen Zusammenschlüssen des Jahrhunderts ein Unicum war. Die hier entwickelte Haltung, der »Helvetismus«, basierte auf dem naturrechtlichen Denken der Zeit und stellte die Ethik in den Vordergrund: Der vernünftige Mensch ist vor Gott und den Menschen verantwortlich für die Beförderung des »Guten und Gemeinnützigen«. So findet der leibniz-wolffsche Perfektionsgedanke seine praktisch-philanthropische Realisierung, wobei ältere christliche Wurzeln nicht zu übersehen sind.

Aus der spezifisch schweizerischen Lage erklärt sich, daß der Gedanke der Toleranz zwischen den Konfessionen einen ersten Platz unter den Postulaten der Helvetischen Gesellschaft einnahm. Ihn ihr begegnete die aufgeklärte Schweiz der Reformierten derjenigen der Katholiken. In den drei katholischen Hauptstädten Luzern, Solothurn und Freiburg konnte man an ältere jansenistische und gallicanische Vorbilder anknüpfen; wichtig wurden die Anregungen aus Italien, Österreich und Bayern. Die aufklärerische Richtung verfolgte zwei Tendenzen, eine allgemein humanitäre und eine staatskirchliche. Die Reformbewegung erzielte in den sechziger Jahren in Luzern erste Erfolge, scheiterte dann aber an den konservativ-klerikalen Kräften, hinter denen die Waldstätte standen.

Auch Freiburg hatte mit solchen Widerständen – hier aus seiner Landschaft – zu rechnen, während Solothurn ungehindert in die neue Linie einschwenkte. Gegen Ende des Jahrhunderts war schon ein Teil der Geistlichkeit wie die Oberschicht für die liberalen Ideen gewonnen. Die Beziehungen zu den Reformierten gestalteten sich immer herzlicher. Allerdings war dies erst ein Beginn des Abbaus konfessioneller Vorurteile.

Es lag im Geist der Toleranzbewegung, daß trotz dem Weiterbestehen restriktiver Gesetzgebung den Juden – sie waren in der Schweiz seit dem 17. Jahrhundert zu festem Sitz in zwei Dörfern der eidgenössischen Landvogtei Baden verpflichtet – sowie den Sektierern, Täufern und Pietisten von Geistlichkeit und Obrigkeit freundlicher begegnet wurde. Die Verfolgungen hörten auf.

Besonders aktiv zeigte sich die neue Bewegung auf dem Gebiet der Gemeinnützigkeit. Es galt dem allmählich ungenügenden Sozialfürsorgewesen des alten Obrigkeitsstaates ein besseres an die Seite zu stellen. Durch Mobilisierung des privaten Kapitals in Form von privaten gemeinnützigen Gesellschaften gelang es in den meisten Stadtkantonen, verschiedene Sozialreformen anzupacken, sei es in der Armenfürsorge oder im Erziehungswesen. Die Förderung der Schulen wurde auf staatlicher wie privater Basis stark vorangetrieben, insbesondere im Sektor der städtischen Elementar- und Mittelschulen, wobei allerdings auch hier mit starken Widerständen von konservativer Seite zu rechnen war. So kühne Unternehmen wie des Bündner Staatsmanns Ulysses von Salis »Philanthropin« in Marschlins – ein schweizerisches Elitegymnasium als Parallele zu Basedows Dessauer Versuch – und Pestalozzis Armenschule im Neuhof bei Brugg mußten jedoch an den widrigen Zeitumständen scheitern. Große Erfolge erzielte man vornehmlich im landwirtschaftlichen Sektor. Von 1759 an schaltete sich die Ökonomische Gesellschaft von Bern beispielhaft in die allgemeine agronomische Bewegung ein. Geführt von Tschiffeli, Engel, Haller und den beiden Tscharner wurden Patriziat und Geistlichkeit in eine umfassende landwirtschaftliche Reform eingespannt, die durch Errichtung von Mustergütern, Aussetzung von Preisen, statistische Untersuchungen zur allgemeinen Belebung der landwirtschaftlichen Produktion des großen Agrarkantons Bern beitrug. Zürich besaß in Jakob Guyer, dem »Kleinjogg«, seinen »Socrate rustique«, einen Musterbauern, den Hirzels Publikation der ganzen Welt bekannt machte.

Der »Helvetismus« gipfelte schließlich in einem neuen Patriotismus. Das alte Nationalgefühl, das sich erst humanistisch, dann barock drapiert hatte, erhielt nun neue aufklärerische Impulse: Die Alpenwelt – neu entdeckt als wissenschaftliches Objekt und ästhetisches Erlebnis wurde in ihrer Größe und Erhabenheit als Symbol der Freiheit empfunden, Wohnsitz des »gesunden Menschenverstandes«. Wenn schließlich von 1780 an Johannes von Müller die Heldengeschichte dieses Volkes darzustellen begann, so verstand er sie als Geschichte dieser Ideenwelt.

Die Bewegung war durch die obere und mittlere Schicht der Städte und der Länder, Magistraten, Pfarrer, Landvögte und Kaufleute getragen. In den siebziger Jahren erfaßte sie allgemach die Ober- und Mittelschicht der Untertanengebiete; ja, sie begann zum Volke zu gehen, gemäß dem Vorbild Pestalozzis. Es war eine Reformbewegung, der revolutionäre Züge fast völlig abgingen, die sich – Genf ausgenommen – vorderhand im Rahmen der alten Verfassungen entwickeln konnte, zu denen man zwar innerlich nicht mehr stehen konnte, die zu stürzen man jedoch aus verschiedenen Gründen nicht opportun fand, bot sich doch der Initiative recht viel staatsleerer Raum an. Die soziale und geistige Entwicklung, die in den Monarchien zur Erstarkung des Bürgertums führte, war in diesem Lande, wo an so vielen Orten der Bürger, sei es politisch oder wirtschaftlich, dominierte, nur partiell nachzuholen.

# 7. Die Staatskrise 1798 bis 1848

## 7.1. Zwischen Revolution und Gegenrevolution

Die Umwälzung, die Frankreich und Europa von 1789 an ergreifen sollte, konnte nicht ohne baldige Rückwirkungen auf das kleine, mit Frankreich relativ eng liierte Nachbarland bleiben. Abgesehen von gewissen revolutionären Erscheinungen geriet die offizielle Schweiz gleich in Schwierigkeiten, weil Frankreich altgewohnte Beziehungen, Fremde Dienste, Feudalrechte, Salzlieferungen einseitig neu zu regeln begann. Bald auch wurde die Schweiz zu einem Refugium der Emigration, besonders von Geistlichen.

Als 1792 der Krieg anfing, betrachte man ihn als Wiederausbruch des säkularen Machtkampfes zwischen Frankreich und Österreich bzw. Bourbon und Habsburg. Man befliß sich der Einhaltung der strikten Neutralität und besetzte gefährdete Grenzpositionen. Frankreich eroberte als erstes den »Reichsboden« des Bistums Basel. Das Bistum hatte im Laufe des 18. Jahrhunderts sein Bündnis mit den katholischen Orten nicht mehr erneuert. Die südlichen Täler des Bistums wurden jedoch als schweizerisch betrachtet, da sie mit eidgenössischen Orten verburgrechtet waren, was Frankreich respektierte. Die Vernichtung der Schweizergarde beim jakobinischen Sturm auf die Tuilerien vom 10. August 1792 führte zum Abbruch der Beziehungen. Da an der Tagsatzung die »Neutralitätspartei« – vornehmlich die handeltreibenden Städte Zürich und Basel – jedoch stark genug war, blieb der Bürgermeister des Vororts Zürich weiterhin in inoffiziellem Kontakt mit dem französischen Gesandten. Frankreich konnte die Neutralität der Schweiz nur recht sein. Die meisten eidgenössischen Obrigkeiten allerdings sympathisierten mit den Alliierten, denen Vorschub geleistet wurde, soweit es irgendwie die Neutralität zuließ. 1796 erfolgte der großangelegte Zangenangriff der französichen Armee südlich und nördlich an der Schweiz vorbei. Noch einmal konnte die Integrität des Gebietes durch Grenzbesetzungen gesichert werden.

Die Eroberung der Lombardei jedoch, der Friede von Campoformio (18. Oktober 1797) änderten die außenpolitische Lage. Die Schaffung der Cisalpinischen Republik hatte den revolutionären Anschluß der drei bündnerischen Untertanengebiete Veltlin, Chiavenna und Bormio zur Folge gehabt. Seit dem 18. Fructidor (4. September 1797) lag die französische Politik in den Händen der Armee: Die Idee eines anti-österreichischen Limes, die Herstellung einer militärischen Verbindungslinie Basel–Mailand, verlangte die Eingliederung der Eidgenossenschaft in das revolutionäre System der Satellitenrepubliken.

Die erste kurzlebige »republique sœur« war schon 1792 an der Schweizer Grenze entstanden: Die »Raurachische Republik« im revolutionierten und besetzten Bistum Basel. Seit 1795 bestand die Batavische Republik, Umwandlung der alten Förderation der Niederländischen Provinzen. Neben der Cisalpinischen war aus dem Sturz des alten Stadtstaats Genua die Ligurische Republik hervorgegangen.

Und nun war die Zeit für die Schweiz gekommen. Schon seit der Eskalation der französischen Revolution war sie durch alle sozialen Stände hindurch gespalten zwischen Anhängern einer Veränderung, die auf Frankreich und denjenigen der alten Ordnung, die auf Österreich setzten. Immer wieder regten sich die Untertanen, um in der Regel durch ihre Herren zurechtgewiesen zu werden. So bedeutete der Umsturz mit Hilfe der großen Republik die einzige Hoffnung. Zu Beginn des Jahres 1798 war die außenpolitische Situation gegeben, und die »Helvetische Revolution« konnte ihren Gang nehmen. Geführt von ihren »patriotischen« Oberschichten befreiten sich die meisten Untertanengebiete, sei es, daß die Hauptstädte endlich ihre Herrschaft über ihre Territorien aufgaben und die »Angehörigen« zur Mitregierung beizogen, sei es, daß die Gemeinen Herrschaften sich als eigene Kantone konstituierten. Jetzt endlich waren die Schweizer politisch frei und gleich.

Da aber die Patriziate von Bern, Freiburg und Solothurn nur geringfügige Konzessionen an ihre Untertanen machten, übernahm Frankreich den Schutz der von Bern abgefallenen Waadt, um dann im März 1798 gegen das Berner Patriziat vorzugehen. Während im Süden der Stadt der französische Angriff mit Erfolg abgewehrt werden konnte (Neuenegg), wurde sie vom Norden her, wo die Abwehr gänzlich desorganisiert war (Grauholz), eingenommen. Der Fall Berns am 5. März 1798 bedeutete auch die Kapitulation der übrigen Kantone. Ein verspäteter tapferer Widerstand in den Alpen, im Wallis und in Schwyz wurde im Mai gebrochen. Das ganze Gebiet der Schweiz war besetzt und dem Regime der Kontributionen, Requisitionen, Einquartierungen und Zwangsanleihen ausgeliefert. Am 19. August mußte die neugebildete »Helvetische Republik« eine Defensivallianz mit französischem Durchmarschrecht abschließen. Die verbündeten Städte Mühlhausen und Genf waren in Frankreich integriert worden.

Das Blatt schien sich allerdings schon bald zu wenden. Die Gegenrevolution setzte mit dem verfrüht isolierten Aufstand der Nidwaldner schon im September 1798 ein, und Ende des Jahres ließ sich der Freistaat der Drei Bünde von Österreich besetzen. Im Frühling begann der alliierte Angriff, und nach der ersten Schlacht von Zürich war die Schweiz östlich der Linie Aare—Zürichsee—Vierwaldstätter See—Grimsel—Simplon »befreit«. Die zweite Schlacht von Zürich (25./26. September 1799) entschied jedoch zugunsten der Franzosen. General Suworows Eingreifen über den Gotthard mißlang und zwang ihn zu seinem abenteuerlichen Alpenrückzug. Ende des Jahres war die Rhein-Bodensee-Linie erreicht und 1800 gelangten die Randpositionen Tessin, Graubünden und Schaffhausen wieder in französische Hände. Der Krieg verzog sich gegen Osten. Die österreichisch-russische Okkupation wurde wieder durch die französische abgelöst. Diese erste Restauration der alten Ordnung in der östlichen Schweiz – mitsamt der Monarchie des Fürstabts von St. Gallen – fand damit ihr Ende. Während dieser Phase des zweiten Koalitionskrieges waren die helvetischen Truppen in der französischen Armee, die schweizerischen Emigranten in der alliierten integriert gewesen.

Das Jahr 1802 brachte die scheinbare Rückgewinnung der Unabhängigkeit und Neutralität im Frieden von Amiens (25. März 1802). Tatsächlich zogen die französischen Besetzungstruppen im Sommer 1802 wieder ab. Die daraufhin erfolgte zweite Restauration der alten Ordnung durch den »Stecklikrieg« (der französischen Entwaffnung wegen kämpften die Insurgenten mit improvisierten Mitteln) der Innerschweizer und der Berner Patrizier gab erneut Anlaß zu französischer Intervention. Napoleon okroyierte als erster Konsul seine Vermittlung, und am 19. Februar 1803 – parallel zum Reichsdeputationshauptschluß in Deutschland – wurde der Eidgenossenschaft eine neue Verfassung verliehen. 1804 verließen die französischen Besatzungstruppen das Land endgültig. Allerdings hatte die Schweiz am 27. September 1803 eine neue Defensivallianz mit Frankreich geschlossen, unter Wahrung der theoretischen Neutralität und ohne ausdrückliches Durchmarschrecht Frankreichs. Es war nicht mehr so nötig, weil die Republik Wallis schon im Sommer 1802 gegen ihren Willen von der Schweiz abgetrennt worden war, als eigene kleine Schwesterrepublik zwischen der Cisalpinischen, der Helvetischen und der Französischen Republik. Die zwei wichtigen Alpenpässe des Großen St. Bernhard (Napoleon hatte ihn schon 1800 zu seinem zweiten Eingriff in Italien benutzt) und des Simplons waren damit für Frankreich offen.

## 7.2. Die Helvetische Republik, der erste Versuch einer Einheitsverfassung

Wenn auch europäisch gesehen die Errichtung der Helvetischen Republik am 12. April 1798 bloß eine vorübergehende Erscheinung innerhalb der umfassenden französischen Expansion darstellt, so ist deren innere Verfassung als Werk der schweizerischen »Patrioten« von nachhaltiger Wirkung gewesen. Der alte Obrigkeitsstaat stand seit dem Beginn der Französischen Revolution einer rückwärts gerichteten Untertanenopposition gegenüber, deren Regungen aber meist kompromißlos unterdrückt werden konnten. Die Untertanengebiete sahen ihr Ideal in einer demokratisch-föderalistischen Erweiterung der Dreizehn Orte auf etwa vierzig gleichberechtigte Republiken: Die »Helvetische Revolution« vom Frühjahr 1798 als späte Erfüllung von Freiheitsträumen aus der Heldenzeit.

Sie wurden enttäuscht, denn die französische Besetzung gab das Heft in die Hand der aufgeklärt, repräsentativ-liberal-zentralistischen Gruppe, deren Führung bei Peter Ochs, Mitglied der alten Basler Regierung, und Frédéric César de la Harpe, dem Waadtländer Revolutionär, lag. Hinter ihnen stand ein Teil der Intellektuellen, Industrielle, die kleinstädtische Oberschicht und wohlhabende Bauern. Die revolutionäre Schicht war in den regierenden Städten und Ländern minoritär.

Mit der neuen von Ochs entworfenen Verfassung wollte man mit der Eidgenossenschaft der Aristokratie bewußt brechen. Der Freiheitsbaum mit dem Tellenhut darauf wurde neues Symbol anstelle des Schweizer Kreuzes. Die kantonalen Symbole hatte zu verschwinden. Eine einheitliche helvetische Trikolore – grün-rot-gelb (gedeutet als Kombination der grünen Farbe, der neuen Zeit, des Rot von Schwyz und des Gelb von Uri) nahm die »Farben Tells« wieder auf. Tell, im alten Schweizerhabit, wurde zur Figur, mit welcher die Republik siegelte, Tell, der Tyrannenmörder, den einige Jahre vorher die Französische Revolution zu einem ihrer Helden erkoren hatte.

Die Verfassung, die bis zum 10. März 1803 Gültigkeit hatte, wenn auch von 1800 an nur noch als Provisorium, lehnte sich eng an die Direktorialverfassung Frankreichs an, die in den »Schwesterrepubliken« üblich geworden war: Volkssouveränität, ausgeübt in der »Urversammlung« von je 100 Bürgern mit Elektorenwahlrecht sowie durch allgemeine Abstimmung über die Verfassung bildete die demokratische Basis. Doch war das System durchaus indirekt und repräsentativ.

Die Behördenstruktur geschah nach dem Prinzip der Gewaltenteilung: Zweikammerige Legislative (Großer Rat und Senat), Exekutive aus fünf Direktoren, Jurisdiktion durch einen Obersten Gerichtshof. Die Verwaltung nahm Sitz in einer Hauptstadt, erst Aarau, dann Luzern und schließlich, des Koalitionskrieges wegen, Bern.

Der rhetorisch sehr schöne Menschenrechtskatalog betonte besonders stark die Gleichheit der Bürger.

Zum erstenmal war gesamtschweizerisch die Sprachenfrage zu lösen. Deutsch, Französisch und Italienisch wurden als die drei Staatssprachen anerkannt und im schriftlichen Verkehr der Zentralbehörden mit den betreffenden Kantonen angewandt. In der Praxis der inneren Verwaltung behandelte man Deutsch und Französisch als gleichberechtigt. Selbst das Rätoromanische fand Berücksichtigung.

Der einschneidendste Vorgang war natürlich die Zentralisation der Verwaltung. Sie benötigte eine partiell neue Einteilung des Gebiets, wobei man zwar den alten Begriff des Kantons weiterverwendete; auch blieb die Hälfte der bisherigen Kantone territorial unverändert, sechs wurden aus alten Einheiten neu zusammengesetzt und der allzugroße Kanton Bern viergeteilt.

Die Kantone standen als Verwaltungsbezirke ohne eigene Rechte unter der Kontrolle der vom Direktorium ernannten Regierungsstatthalter. Diese sorgten für die Durchführung der helvetischen Gesetze und Verordnungen, ihnen stand Wahl und Einsetzung der kantonalen Beamten zu.

Auch wenn das System revolutionär erschien, so wurde mancherlei Erfahrung der überkommenen Verwaltung weitergeführt, insbesondere weil der neue Behördenstab immer mehr aus bewährten Leuten genommen werden mußte, die schon vor 1798 die Lokalverwaltung besorgt hatten. Ein Beispiel für die partielle Weiterführung bisheriger Einrichtungen war die Lösung der Gemeindeadministration. Man schuf zwar eine neue Einwohnergemeinde, zu welcher alle nun gleichberechtigten Schweizer Bürger gehörten, wandelte aber die alte Gemeinde in die Bürgergemeinde um, der man die Verwaltung des alten Dorfbesitzes überließ, während die Einwohnergemeinde aus neugeschaffenen Steuern unterhalten werden sollte.

Aus verschiedenen Gründen stieß das neue System aber bald auf größte Schwierigkeiten. Die französische Besetzung, das Kriegsjahr 1799, welches bestimmte Gegenden aufs schwerste in Mitleidenschaft zog, genügten, um den Finanzhaushalt außer Rand und Band zu bringen. Er war zusätzlich gestört durch die Ersetzung der Feudallasten, Grundzinse, Zehnten und Naturalabgaben durch neue indirekte und direkte Steuern. So mußten die mit gewaltigem Einsatz und großem Enthusiasmus insbesondere auf dem Gebiet des Unterrichts (Minister Philipp Albert Stapfer), des Gerichtswesens (Obergerichtspräsident Johann Rudolf Schnell) und der Gemeindeverwaltung (Innenminister Albrecht Rengger) intendierten Reformen scheitern. Das Scheitern war auch darin begründet, daß sich von der elitären Regierungspartei der Republikaner bald eine radikalere Gruppe absonderte, die jakobinisch-antiklerikale Tendenzen vertrat. Allmählich wagte sich eine konservative Opposition zu regen, die teils nur die Rückkehr zur kantonalen Selbständigkeit postulierte, teils aber, beeinflußt durch die sich in Ulm konzentrierende Emigration, vollständig zu den politischen und gesellschaftlichen Zuständen des »ancien régime« zurückkehren wollte.

Vom Januar 1800 an nahm der Streit der Unitarier und der Föderalisten Staatsstreichcharakter an. Die letzten drei Jahre der Helvetik wurden so zu einem Spiel der Parteien, die je nachdem auf die Unterstützung der französischen Besetzungsmacht zählen konnten. Die Ordnung begann zusehends zu zerfallen, die staatliche Finanzmisere wurde immer offenbarer, es kam zu lokalen Unruhen. Die Helvetische Verwaltung hielt allerdings tapfer durch bis zum bitteren Ende. Am längsten behauptete sich der helvetische Geist dort, wo die ehemaligen Untertanen wirtschaftlich und geistig ihren ehemaligen Herren ebenbürtig waren, wie etwa im Waadtland, das überhaupt helvetisch in Führung stand.

## 7.3. Die restaurierte Eidgenossenschaft der Kantone im napoleonischen System (1803 bis 1813) und im Europa der Heiligen Allianz (1814 bis 1847)

Napoleon ließ 1802/03 die Helvetische Republik nicht nur fallen, weil sie nicht fähig war, Ordnung in diesem Bereich seines Machtsystems zu halten, sondern auch weil sie als revolutionäres Gebilde nicht mehr in die sich abzeichnende imperiale Welt paßte. Die Republiken sollten ja sukzessive in Monarchien bonapartistischer Prägung umgewandelt werden: Die Cisalpinisch-Italienische Republik wurde 1804 zur Monarchie, die Republik Lucca 1805 zum Fürstentum und die Batavische Republik 1806 zum holländischen Königreich.

Es lag im Rahmen einer gewissen Rückkehr zu Vorstellungen der vorrevolutionären Zeit, wenn 1803 in der »Vermittlungsakte«, der »Mediation« Napoleons, die Kantone in ihrer alten Herrlichkeit wieder »restauriert« worden sind und wenn Napoleon 1806, nach dem Sieg über Preußen, das Fürstentum Neuenburg seinem Generalstabschef Berthier als »Prince et Duc de Neuchâtel« übergab. Für die Schweiz bedeuteten die zehn Jahre von 1803 bis 1813 Zeiten innerer Ruhe und Konsolidierung, allerdings belastet durch die sehr enge Bindung an Frankreich, welchem man wie schon in der Helvetik zwangsweise Fremde Dienste zu leisten hatte. Sie endeten im Blutzoll während des Rückzugs aus Rußland an der Beresina. Die Schweiz hatte die wachsende Nervosität des Kaisers ebenso zu spüren bekommen wie andere Länder. 1810, als er die Niederlande dem Kaiserreich einverleibte, wandelte er auch die bisher unabhängige Republik Wallis in das Französische Departement Simplon um und ließ den Kanton Tessin militärisch besetzen. – Immerhin befand man sich ganz im Hinterland der militärischen Operationen des Kaisers und erfreute sich, verglichen mit anderen Staaten, anfänglich eines mehr oder weniger privilegierten Daseins. Doch hörte die wirtschaftliche Selbständigkeit mit der Einführung des Kontinentalsystems auf, das anfänglich eine willkommene Ausschaltung der englischen Konkurrenz brachte, um dann zur wirtschaftlichen Katastrophe der Textilindustrie und zu Hungerjahren zu führen.

Als das napoleonische System sich dem Zusammenbruch näherte, hoffte man sich wieder in die Neutralität retten zu können. Die Alliierten aber überschritten Ende 1813, ohne Widerstand zu finden, den Rhein, und für zwei Jahre wurde die Schweiz eine Etappe des Aufmarsches gegen Napoleon. Im Sommer 1815 nahm man sogar am »Kreuzzug« gegen den Kaiser teil, in Form eines wenig ruhmvollen Vormarsches in die Freigrafschaft bis etwa 15 Kilometer vor Besançon und einer Beteiligung an der Belagerung der Festung Hüningen.

Inzwischen hatte das Spiel der Diplomaten in Wien und Paris begonnen, wo eine gespaltene Schweiz keine sonderliche Figur machte. Doch war niemand am Verschwinden dieses Alpenstaates inmitten Europas interessiert, im Gegenteil: die eben so sehr verletzte Neutralität wurde am 20. März 1815 restauriert und als im Interesse Europas liegend zu einem immerwährenden völkerrechtlichen Prinzip erklärt. Als Sicherung gegen allfällige Aspirationen Frankreichs übertrug man der Schweiz überdies den Neutralitätsschutz für das hochsavoyische Gebiet des wiedererrichteten Königreiches Piemont-Sardinien.

Schließlich wurden die Landesgrenzen dergestalt neu gezogen, daß sie bis heute Bestand haben konnten. Es blieb beim Verlust des Stadtstaates Mühlhausen, der nun nach 350jähriger Zugehörigkeit zur Eidgenossenschaft das Schicksal des Elsaß zu teilen hatte, es blieb auch beim Verlust der drei ennetbirgischen Vogteien der Bündner im Addatale, welche die 285 Jahre lokaler Autonomie unter bündnerischer Kontrolle mit der Eingliederung in die lombardisch-venetianische bzw. königlich-italienische Provinzialverwaltung zu vertauschen hatten.

Dafür kehrten Genf – mit arrondiertem Territorium –, Wallis und Neuenburg wieder in die Eidgenossenschaft zurück, alle drei erhoben zu gleichberechtigten Kantonen.

Es erfüllte sich nun auch das Schicksal des einst halb schweizerischen, halb reichsdeutschen Fürstenbistums Basel, das seit 1792 bzw. 1798 zur französischen Grenzprovinz geworden war, erst als eigenes Departement Mont Terrible, dann als Teil des Departements Haut-Rhin. Es wurde, da uneinheitlich gegliedert und ohne rechte Möglichkeit zur Willensäußerung, zu einem kleinen Teil dem Kanton Basel, zum weitaus größten dem Kanton Bern zugeteilt, als Kompensation für dessen territoriale Verluste durch die Erhebung von Waadt und Aargau zu selbständigen Kantonen.

1815 war die Schweiz nicht durch eigene Kraft zur Selbständigkeit gelangt, sondern infolge des Wohlwollens und der Einsicht der Mächte, die sich als »Garanten« der Schweiz betrachteten und sich in der Folge auch weiterhin als deren Protektoren verstanden. Die Eidgenossenschaft war als Konföderation von 23 Republiken eine gewisse Verlegenheit im europäischen System der Monarchien, wo die Stadtstaaten von Genua und Venedig nicht restauriert worden waren und wo die Republik der Niederlande nur noch in der Form eines Königreiches wieder auferstehen durfte. »Getreu den Grundsätzen der Väter« und im »Geist der christlichen Religion« trat die Schweiz 1817, dem Wunsch der Mächte folgend, schließlich der »Heiligen Allianz« bei.

Wie sehr man sich restaurativ verstand, zeigt die sofortige Wiederaufnahme der Fremden Dienste mit Frankreich, den Niederlanden, Spanien, dem Kirchenstaat und neu mit Preußen, dem die »fils de Tell« des Fürstentums Neuenburg das Gardeschützenbataillon stellten. Es waren insgesamt etwa 25 000 Mann, aus der Aristokratie und ihrer Klientel; für gewisse Gegenden nach wie vor eine wirtschaftliche Notwendigkeit. 1820/21 wurde der Löwe von Luzern durch Thorwaldsen in Stein gemeißelt als Erinnerung an den Opfertod der Schweizergarde in Paris und als Manifestation für das alte Europa. Die Schweizer Truppen, die innerhalb der nationalen Armeen privilegiert waren, gerieten bald in den Geruch, »Soldtruppen der Reaktion« zu sein. Ihr Ende kam mit den jeweiligen liberalen Revolutionen.

Daß inmitten der restaurierten Monarchien ein aus Republiken zusammengesetzter Staat vorhanden war, sollte über kurz augenfällig werden. Die Eidgenossenschaft bot sich als beliebtes Refugium für Flüchtlinge aller Arten an: Bonapartisten und Antiroyalisten aus Frankreich, Deutsche »Demagogen«, »Carbonari« aus den italienischen Fürstenstaaten und dem österreichischen Lombardo-Venetien. Die Kongresse von Troppau, Laibach und Verona zogen ihre Kreise auch in die Schweiz. Militärische Interventionen blieben ihr zwar erspart, da sie sich 1823 auf Klagen der Mächte hin bereit erklärte, im »Preß- und Fremdenkonklusum« die Presse zu überwachen und die Flüchtlinge auszuweisen. Das föderalistische System erschwerte indessen ein nachdrückliches und rasches Eingreifen. Etliche Kantone, in denen die aufklärerische Erziehung noch nicht vergessen war, sträubten sich gegen solche Schmälerungen ihrer republikanischen Selbständigkeit. Die Angst vor ausländischer Intervention führte jedoch schließlich überall zum Nachgeben. Für die Erhebungen der Griechen und später der Polen setzte man sich ein, soweit man es konnte.

Kaum war denn auch in Frankreich das konservativ-klerikale Regiment beseitigt und die liberale Julimonarchie errichtet, so begann man sich mehrheitlich in die Front der Liberalen einzureihen. Aber als die verschiedenen europäischen Freiheitsbewegungen – zum Beispiel das »junge Europa« Mazzinis – die Schweiz als Basis ihrer Unternehmungen zu benutzen begannen, geriet die Schweiz erneut in Bedrängnisse durch die konservativen Staaten. Die nun eher liberale Tagsatzung sah sich schon 1836 bis 1838 gezwungen, erneut ein »Conclusum« zu verfügen. Als jedoch das inzwischen wieder konservativer gewordene Frankreich 1838 die Auslieferung von Louis Napoleon verlangte, der als Emigrant Thurgauer Bürger geworden war, trotzte die Tagsatzung, getragen von einer starken Volksbewegung, dem Begehren. Unter mißtrauischer Beobachtung durch die Mächte trieben fortan die Dinge in der Schweiz unentwegt in liberaler Richtung weiter.


## 7.4. Die kleine und die große Restauration der Kantonalsouveränität (1803 bis 1813 »Mediation« / 1814 bis 1830 »Restauration«)

Von der Aufhebung der helvetischen Verfassung im Frühjahr 1803 an lag das Schwergewicht der Eidgenossenschaft wieder in den Kantonen. 1803 wurden die alten Dreizehn Orte und der Freistaat der Drei Bünde wieder »restauriert«; Bern allerdings ohne Aargau und Waadt. 1814 kam dazu die »Restauration« der Republik Wallis, der Republik Genf und des Fürstentums Neuenburg, das wieder in die Doppelstellung der Personalunion mit dem Königreich Preußen und derjenigen eines Kantons der Eidgenossenschaft eintrat.

So wurde in der Mehrheit der Kantone das alte Recht der alteidgenössischen Zeit wiederhergestellt, sichtbar im Wiederauftauchen der alten Hoheitszeichen, der Bären von Bern und Appenzell, des Uristiers, des Schaffhauser Bocks, der Unterwaldner Schlüssel ...

In den sechs Kantonen Uri, Schwyz, Unterwalden, Glarus, Zug, Appenzell erfolgte die Wiederherstellung der Landsgemeinde mit »ihren alten auf Übung und Gesetzen beruhenden Verrichtungen«. Hier wurde die Helvetik als ungeschehen betrachtet. Graubünden wurde zwar 1803 seiner alten selbständigen Stellung entkleidet und ein Kanton unter anderen, es restaurierte jedoch seine alte bündische Verfassung. Nur Wallis sah sich veranlaßt, durch die Erweiterung von sieben auf dreizehn Zenden seinen ehemaligen Untertanengebieten eine mehr oder weniger adäquate Vertretung im Landrat zuzubilligen.

In den acht Stadtkantonen (Zürich, Bern, Luzern, Freiburg, Solothurn, Basel, Schaffhausen, zu denen nun auch Genf zu zählen war) fand die Restauration der alten Obrigkeitsstaaten der Klein- und Großräte statt. Allerdings mußten hier Minimalrechte der ehemaligen Untertanen, d. h. der Bevölkerung der Landschaft, garantiert werden. Man verstand es aber, durch Wahlkreiseinteilung, Zensus und indirekte Wahlen den Vorrang der Hauptstadt zu sichern. Die Erinnerung an die »Gleichheit« der Helvetik konnte allerdings in diesen Kantonen nie ganz ausgelöscht werden.

Die untergegangene Helvetische Republik lebte weiter in den fünf »neuen Kantonen« von 1803. Aus den welschbernischen Vogteien war der Kanton Waadt, aus den acht Ennetbirgischen Herrschaften der Kanton Tessin, aus der Landvogtei Thurgau der Kanton gleichen Namens entstanden. Aus verschiedenen Beständen wurden die Kantone St. Gallen und Aargau zusammengesetzt. Zu letzterem schlug man das 1802 von Vorderösterreich losgelöste Fricktal mit den zwei Waldstädten Laufenburg und Rheinfelden südlich des Rheins.

Napoleon hatte sich 1803 nicht nur zum Protektor der kleinen Gebirgskantone, die ihm als Korsen wohl mehr als nur verbale Sympathie abforderten, sondern insbesondere der zwei lateinischen Kantone (Tessin und Waadt) aufgespielt. Für die ehemaligen Gemeinen Herrschaften fand sich überhaupt keine bessere Lösung als die Umwandlung in selbständige Kantone.

Die neuen Kantone regierten sich in helvetischem Verfassungsstil als zentralistische Repräsentativdemokratien, in der Tat als Pluto-kratien mit Zensussystem, das der kleinstädtischen und ländlichen Oberschicht die Macht in die Hand gab. Die Landammänner dieser Kantone, etwa Müller-Friedberg in St. Gallen, Quadri im Tessin, Monod in der Waadt, sind eigentliche Architekten des modernen Staates im napoleonischen Stil gewesen, vergleichbar den Premier-ministern der Monarchien von Napoleons Gnaden, wie Bayern, Württemberg, Baden.

Ob Landsgemeinde-, Stadt- oder neuer Kanton, bei allen Verschie-denheiten dominierte die patriarchalische Regierungsweise: Aristo-kraten und Magistratsfamilien mit aufgeklärter Bildung, Besitz und autoritärem Elitebewußtsein. Kein Kanton kannte die Gewaltentei-lung. Die Staatskirche stand überall, ob katholisch oder reformiert, in hohem Ansehen und fuhr fort, das Schulwesen zu kontrollieren. Damals aber sind die Stadtkantone und die neuen Kantone, d. h. die Kantone außerhalb des alpin-archaisch-demokratischen Bereichs, zu modernen Verwaltungseinheiten geworden, denn nicht mehr re-stauriert wurden die »feudalistischen« Einrichtungen des »ancien régime«: Die »Gerichtsherrschaften«, die Vorrechte der Munizi-palstädte, die Privilegien von Landschaften und Dorfgemeinschaf-ten existierten nicht mehr. Der Kanton war eine Einheit wie nie zuvor. Zwischen den Kantonen unter sich und dem Ausland gegen-über fand eine endgültige Ausscheidung der sich oft noch überlap-penden Gewalten statt. Die zentrale Verwaltung stützte sich in der Regel auf die von oben eingesetzten Bezirksstatthalter, die Nach-folger der einstigen Landvögte. In Anlehnung an den »Code Napo-léon« oder das »Österreichische bürgerliche Gesetzbuch« und un-ter Einbau alten einheimischen Rechts wurden erstmals neue kantonale Gesetzbücher geschaffen. Besonderer Pflege erfreuten sich das höhere Schulwesen, kantonale Universitäten, Akademien oder Gymnasien. Ein kantonales Straßennetz sollte den Kanton er-schließen und zusammenfassen. Mit großer Mühe baute man einen kantonalen Finanzhaushalt auf, denn das leidige Problem des Zehntenloskaufs, d. h. der Entfeudalisierung, war nun als Erbe der Helvetik den Kantonen aufgetragen.

Den losen Rahmen bildete eine für alle Kantone geltende Gesamt-verfassung, eine Aufstellung von wenigen einheitlichen Bestim-mungen der notwendigen Bezüge zwischen den einzelnen Kanto-nen. Die »Bundesverfassung« von 1803 war ein Kompromiß der konservativen Gegenrevolutionäre und der Helvetischen Regie-rung an der »Consulta« in Paris gewesen, der »Bundesvertrag« von 1815 ein solcher zwischen den alten und den neuen Kantonen, her-gestellt durch die »Lange Tagsatzung« vom 6. April 1814 bis zum 31. August 1815.

1803 wurde die noch heute gültige Bezeichnung für den Gesamtstaat geschaffen, »Schweizerische Eidgenossenschaft«, eine Kombination der alten populären Einheitsbezeichnung Schweiz mit der
archaisch-föderalistischen der »Eidgenossenschaft«. Natürlich
hatte die helvetische Trikolore zu verschwinden, und wiederum
prangte das alte Schweizerkreuz auf den in den Kantonalfarben ge-
haltenen Feldzeichen. Das Siegel der »Mediation« zeigte einen alten
Schweizerkrieger mit Hellebarde anstelle des revolutionär-unitari-
schen Tell. 1815 wird das Siegel föderalistischer gestaltet: Die 22
Kantonswappen im Kreis um das freistehende Schweizerkreuz.
Neu stellte sich das Problem der Mehrsprachigkeit, weil man nun
das erste Mal mit souveränen Kantonen nichtdeutscher Sprache zu
rechnen hatte: 14 deutschsprachigen standen drei französischspra-
chige (Waadt, Neuenburg, Genf) und ein italienisch sprechender
(Tessin) gegenüber. Vier Kantone waren mehrsprachig: Bern, Freiburg und Wallis französisch und deutsch, Graubünden rätoromanisch, deutsch und italienisch. Ohne eigentliche Grundsatzerklä-
rung wurde die Mehrsprachigkeit der Helvetik weitergeführt, d. h.
in der Praxis die Zweisprachigkeit der Verhandlungen an der Tagsatzung, da die Tessiner sich des Französischen zu bedienen pflegten. Die Beschlüsse wurden übersetzt, 1821 allerdings der deutsche
Text als der rechtsgültige erklärt.
Die Restauration von 1803 brachte die Restauration der Tagsatzung, der alten Abgeordnetenversammlung mit gleicher Vertretung
jedes Kantons, doch mit dem modernen Zusatz, daß die Stimmen
der sechs größten Kantone doppelt zählen sollten, eine Differenzie-
rung, die 1815 fallengelassen wurde.
Die Führung der laufenden Geschäfte übernahm wieder ein bestimmter Kanton als »Vorort« (1803 bis 1813 »Direktorialkan-
ton«). Hatte aber bis 1798 Zürich allein diesen Vorsitz innegehabt,
so wurde nun ein Wechsel geschaffen: 1803 bis 1813 jährlich unter
den sechs ersten Stadtkantonen, wobei der betreffende Schultheiß
oder Bürgermeister den Titel eines »Landammanns der Schweiz«
erhielt. Er war als solcher Frankreich gegenüber verantwortlich wie
etwa der König von Holland oder von Westfalen. 1815 reduzierte
man die Vorortsposition auf die drei ältesten Stadtkantone (Zürich,
Bern, Luzern), nun aber in zweijährigem Wechsel. Bedeutsam aber
war, daß das unter der Helvetik geschaffene Generalsekretariat des
Direktoriums in Form des Amts eines Kanzlers der Eidgenossenschaft 1803 und 1815 weitergeführt wurde, ein erstes Anzeichen einer gesamteidgenössischen Verwaltung.
Die Kompetenzen der Tagsatzung waren selbstverständlich in engem Rahmen gehalten. Immerhin übertrug man ihr ausdrücklich

die Führung der Außenpolitik. Sie fungierte wie schon die alte Tagsatzung als oberstes Schiedsgericht. Von 1815 an bestimmte sie die Armeeleitung.

Die Armee war es denn auch, die eine gewisse Vereinheitlichung mit sich brachte. Zwar war man von der einheitlichen helvetischen Milizarmee 1803 zum alten Kontingentssystem zurückgekehrt, ergänzte es aber 1815 durch die Schaffung einer Kriegskasse, welche aus Grenzzöllen gespeist wurde. Eine eidgenössische Militärorganisation ermöglichte die Schaffung eines eidgenössischen Generalstabs und einer zentralen Ausbildungsstätte für höhere Offiziere.

Den Kantonen stand es frei, unter sich »Konkordate« zu schließen. So fanden sich denn auch Kantonsgruppen zusammen, um auf den Gebieten des Zivil- und Obligationenrechts, der Post, des Maßes und Gewichts und des Zolls Vereinbarungen zu treffen. Allerdings konnte nur der Grundsatz der Gleichbehandlung aller Bürger anderer Kantone vor den Gerichten die Zustimmung aller Kantone, nur einen ausgenommen, finden.

Die Gleichheit der Bürger an sich wurde 1803 in der Bundesverfassung verankert, was aber nicht hinderte, daß man den Grundsatz restriktiv auslegte und die alte Scheidung in Vollbürger und Hintersässen wieder einführte. 1815 war der entsprechende Paragraph so gehalten, daß er die Wiederherstellung der Patriziate durchaus ermöglichte.

Schon 1803 fielen die eidgenössischen Garantien für Vereins-, Presse- und Glaubensfreiheit weg. Das noch beibehaltene Petitionsrecht spielte in der politischen Praxis nicht mehr. Die Schweiz war wieder so gouvernemental, wie sie es vor 1798 gewesen war.

Doch auf wirtschaftlichem Gebiet drängten die Notwendigkeiten zu gewissen Neuerungen. Die Niederlassungsfreiheit wurde nach 1803 – allerdings auf französischen Druck – verwirklicht und 1815 immerhin durch Konkordat in zwölf Kantonen beibehalten. Die Handels- und Gewerbefreiheit fiel 1815 wieder weg. Nur die Freiheit der Aus- und Durchfuhr der Kantone war weiterhin garantiert. Alte Binnenzölle blieben erhalten, neue unterstanden der Genehmigung der Tagsatzung.

Die Zeit der kleinen und der großen Restauration war eine Epoche bewußter innerer Ruhe. Man war der Kämpfe satt. Die politisierenden »Pinten« der Helvetik waren bald verschwunden. Nachts wurden die Stadttore wiederum geschlossen, und die alten Sittengerichte sorgten erneut für Ruhe und Ordnung. Noch einmal lebte das Idyll der Rokokozeit, nun in biedermeierlich-romantischer Gestalt auf, wie es David Hessens gemütliche »Badenfahrt« und Jean-Rodolphe Toepfers liebenswürdige »Voyages en Zigzag« damals festhielten, oder wie es in Gottfried Kellers oder Jeremias Gotthelfs Erzählungen im Rückblick faßbar wird.

Die politische Theorie dazu lieferte der Berner Patrizier Karl Ludwig von Haller in seiner »Restauration der Staatswissenschaften« (1816 bis 1825), die gültig für ganz Europa die Rückkehr in eine bessere alte Zeit wissenschaftlich untermauerte, Absage an die Ideen der Aufklärung.

## 7.5. Liberale »Regeneration«

So schön es sich in dieser restaurierten Herrlichkeit romantisch träumen ließ, gewisse außenpolitische und vor allem wirtschaftliche Realitäten waren bitter. Die Zeit der französischen Vorherrschaft hatte mit einer schlimmen Wirtschaftskrise geendet. Von 1815 an war die Textilindustrie der neu einströmenden englischen Konkurrenz wehrlos ausgeliefert. Die neue Zollpolitik der umliegenden Mächte drohte das kleine Land abzuschneiden. Der Versuch eines Zollkonkordats aller Kantone erlag 1823/24 dem Druck Frankreichs. Die süddeutschen Nachbarstaaten Baden, Württemberg und Bayern suchten von 1827 den Anschluß in nördlicher Richtung.

Diese Lage zwang die schweizerischen Unternehmer zu vermehrter Aktivität. Man mußte ferner liegende Absatzmärkte erschließen. Im industriellen Sektor zeichnete sich bald eine emsige Entwicklung ab. Neue mechanische Erfindungen machten die Textilindustrie wieder konkurrenzfähig. Die Heimarbeit glitt allmählich in den Fabrikbetrieb über. Das Land verfügte über reichliche Arbeitskräfte, stieg doch die Bevölkerung zwischen 1798 und 1840 von anderthalb auf zweieinviertel Millionen. Die Uhrenindustrie breitete sich im Jura unentwegt aus. An die Seite dieser alten zwei Industriezweige trat die Maschinenfabrikation, oft mit entsprechenden Zweigniederlassungen im Ausland. Heutige Großfirmen wie die Eisenwerke von Roll im Solothurnischen, die Stahlwerke Georg Fischer in Schaffhausen und die Maschinenfabrik Sulzer in Winterthur begannen ihre Aktivität in der ersten Jahrhunderthälfte.

Allerdings standen der Expansion des freien Unternehmertums Grenzen entgegen: Die über vierhundert kantonalen, kommunalen und privaten Zollposten, die Zunftordnungen der Kantone, die Uneinheitlichkeit von Münze, Maß und Gewicht, d. h. 24 verschiedenartige kantonale Systeme! 

Das Land, das nur für 290 Tage im Jahr eigenes Korn produzierte, begann nun auch landwirtschaftlich umzustellen. Kartoffel- und Zuckerrübenanbau ersetzte den Getreideanbau dort, wo er unrentabel war; die bisher nur auf den Alpen betriebene Milchwirtschaft verlegte das Gewicht in die Talkäsereien. Und das Zeitalter der Romantik lockte immer mehr Fremde in diese auf Romantik so sehr zugeschnittene Gebirgslandschaft. Die Engländer begannen am Genfer See das Schloß Chillon und von Interlaken aus das Jungfraumassiv zu bestaunen.

Alle diese Umstellungen mußten zu gewissen Krisen der alten patriarchalischen Ordnungen führen. Die Besitzbauern forderten die Aufhebung der Feudallasten. Intensive Nutzung nahm den Armen Bewegungsraum weg. Die Milch ging in die neuen Käsereien. Der Kartoffelschnaps wurde zur Volkspest. Die neuen Fabriken gefährdeten die Heimarbeiter, die sich 1832 im Fabrikbrand von Uster im Kanton Zürich regten, ein später Reflex der allgemeinen europäischen Reaktion. Der neue Fabrikarbeiterstand war ungeschützt. Es gab keine genügende Sozialgesetzgebung, besonders die Kinder betreffend. Man zählte zwar erst 7% der Bevölkerung zu den Arbeitern, weniger als in Frankreich und Großbritannien. Aber 5% der Bevölkerung mußten unterstützt werden. Schließlich brach 1845 eine Wirtschaftskrise über Europa ein, die auch die Schweiz nicht verschonte.

Auf diesem allmählich bewegter werdenden sozialen Hintergrund spielte sich der große nationale Aufbruch ab, der das Ende der Versuche brachte, das vermeintliche Idyll der »guten alten Zeit« in eine anderes gewordene Welt hinüberretten zu wollen.

Auf politischem Boden war zwar das nationale Experiment der Helvetischen Republik gescheitert. Aber es ließ sich nicht verhindern, daß die Bildungselite eine größere nationale Einheit über den Kantonen suchte. Man fand sich vorerst in gesamtschweizerischen unpolitischen Vereinen: 1807 Neugründung der Helvetischen Gesellschaft als Gesprächsforum, 1810 die schweizerische Gemeinnützige, 1811 die geschichtsforschende, 1815 die naturforschende Gesellschaft.

1819 fanden sich die Studenten zum »Zofingerverein schweizerischer Studierender«, als »Schweizerjünglinge, die sich zum Schweizerbürger erst noch bilden wollen«, der deutschen Burschenschaft nicht unähnlich, aber gemäßigter und liberaler. Dann vereinigten sich die verschiedenen Freimaurerlogen, spezifische Hüter des liberal-philantropischen Wesens, zur schweizerischen Großloge »Alpina«. Man stand auch vor der Gründung einer schweizerischen Offiziersgesellschaft, Träger der Armeereform. All diese Bewegungen der gebildeten Elite aber wirkten sogleich stimulierend im breiteren Volke, denn das demokratische Element war stärker, als man es unter der patriarchalischen Decke vermuten konnte. Als erster gesamtschweizerischer Verein wurde 1824 der Eidgenössische Schützenverein, dann der Turnverein und schließlich der Sängerverein gegründet. Hohe Zeiten eidgenössischer Begeisterung wurden nun die gesamteidgenössischen Vereinsfeste, wo sich alle Stände fanden und sich die verschiedenen Kantone kennenlernten. Hier feierte man das Vaterland in leidenschaftlicher Rede und pries es in neuen Liedern. Die Taten der Heldenväter wurden zum politischen Kultus: Morgarten, Sempach, Näfels, Stoß, St. Jakob zu Kampfvorbildern einer neuen Schweiz. Was die Männer der Helvetischen Gesellschaft erträumt hatten, wurde teils recht krude Wirklichkeit.

Es blieb allerdings nicht allein bei einem unbestimmten national-patriotischen Enthusiasmus. Die Kritik an der Abhängigkeit vom Ausland, am föderalistischen Kantonalgeist und an der Ausschließung des freien Schweizervolkes von der Mitregierung äußerte sich immer deutlicher und nicht nur in Festreden, sondern auch in der neu entstandenen Presse.

Schließlich drängte eine neue Schicht zur Führung; junge Juristen, Professoren, Ingenieure, emporstrebende Kaufleute, Gewerbetreibende und Unternehmer. Sie stammten vornehmlich aus der Oberschicht der unterprivilegierten Regionen, die einst die Helvetik geprägt hatte. Kleinstädte und ländliche Zentren wandten sich gegen die Privilegien der Hauptstadt.

Eine starke Rolle spielte hier das Vorbild des liberalen und romantischen Deutschland. Dorthin ging die Jugend – auch der welschen Schweiz – zum Studium. Das schweizerische Bildungswesen glitt von den zwanziger Jahren an in den Bann des Neuhumanismus. Hohe Schulen und manche Gymnasien wiesen bald zahlreiche ausländische, vornehmlich deutsche Lehrkräfte auf. Was sich aber in Deutschland und anderswo keineswegs mehr frei entfalten konnte, dem waren in der Schweiz wenig Grenzen gesetzt, denn die schweizerischen Restaurationsregierungen waren letztlich doch von einer republikanischen Gutmütigkeit bestimmt.

Schon begannen einige Kantone mit der Revision ihrer Verfassungen, als die französische Julirevolution den großen allgemeinen Anstoß zur Umwälzung gab. Vom September 1830 an gingen Petitionen an die Kantonsregierungen, dann folgten Massendemonstrationen, Volkstage, an welcher eine neue Verfassung verlangt wurde. Bis ins Jahr 1831 wurden alle Stadtkantone (Genf und Basel ausgenommen) sowie alle »neuen« Kantone »regeneriert«. Die liberalen Verfassungen beruhten auf dem Prinzip der Volkssouveränität, ausgedrückt durch die Volkswahl des Großen Rates. Endlich erhielt die kantonale Landschaft ihre proportional richtige Vertretung und damit die Mehrheit. Durch die Gewaltenteilung verschob sich das Gewicht zugunsten der Legislative. An die Stelle des Kleinen Rates trat ein dem Großen Rat verantwortlicher und von ihm abhängiger Regierungsrat. Die liberalen Postulate der Bürgerrechte und der ökonomischen Freiheitsrechte sowie das demokratische Obligatorium des Volksschulunterrichts wurden Grundsatz und Realität.

Die Hauptstadt hatte als Regent des Landes endgültig ausgespielt. Nun begannen ihre schützenden Türme und Wälle zu fallen. Die »Regeneration« erfaßte zwar nur die Hälfte der Kantone, aber diejenigen, die zwei Drittel der Gesamtbevölkerung umfaßten und in denen sich der neue Unternehmergeist so kräftig regte.

Die Tagsatzung konnte nicht umhin, diese Verfassungsänderungen zu gewährleisten, auch wenn sie zumindest in ihrem Geiste dem »Bundesvertrag« von 1815 widersprachen.

## 7.6 Radikale und Konservative

1830/31 hoffte man, auch den Gesamtstaat im gleichen Sturm »regenerieren« zu können. Ein Versuch der Tagsatzung selbst eine neue noch recht föderalistische Verfassung dem Volke vorzulegen, scheiterte schon 1833 bei der Abstimmung im ersten Kanton. Gleichzeitig führte die liberale Bewegung in drei Kantonen zu Bürgerkriegssituationen. Während in Neuenburg der liberal-republikanische Aufstand scheiterte, in Schwyz mit knapper Not eine Kantonstrennung in das liberale »Außerschwyz« (die ehemaligen Untertanen) und das konservative »Alte Land« vermieden werden konnte, so spalteten sich die Kantone über der Basler Frage. Das liberale »Siebnerkonkordat« unterstützte die Bewegung der ehemaligen Untertanen, der konservative »Sarnerbund« die Hauptstadt. 1833 zog die Tagsatzung das Fazit aus einer blutigen Auseinandersetzung: Die Trennung in zwei Halbkantone, Basel-Landschaft und Basel-Stadt.

Das waren Vorspiele zur sehr bald einsetzenden allgemeinen Radikalisierung. Auf der einen Seite erschienen die liberalen Errungenschaften von 1830/31 als ungenügend. Die neuen Regierungsmänner verbrauchten sich merkwürdig rasch und wurden von dem von seiner Macht berauschten Volk der Schützen, Turner und Sänger bald zu volksfernen Formaljuristen gestempelt, die durch »wurzelhafte Eidgenossen« zu ersetzen seien. So sonderte sich besonders in den großen Kantonen von den Liberalen eine radikale Linke ab, die die Politik der Volkstage fortzusetzen gedachte. Für den Bund postulierten sie die Zertrümmerung der Kantonsherrschaft und die Einsetzung einer zentralistischen Gesamtregierung. Im Kanton ging es um eine straffe Staatsordnung, um den demokratischen Wohlfahrtsstaat, um gerechtere Steuern – schon meldeten sich erste sozialistische und kommunistische Stimmen –, um vermehrte Volksrechte, um die Laifizierung der verschiedenen Schulstufen, um eine theologisch aufgeklärte Staatskirche.

Beim kompromißlosen Antiklerikalismus, dem grob-Aufklärerischen und Jakobinischen des Radikalismus, konnte ein Teil der Dreißiger Liberalen nicht mehr mitmachen. So etwa Albert Bitzius, der vorerst als nichtpatrizischer Berner Bürger das aristokratische Regime unter dem Pseudonym Jeremias Gotthelf aufs schärfste bekämpft hatte, nun aber zum engagierten Bewahrer bedrohter Werte wurde, den »Bernergeist« gegen den »Zeitgeist« verteidigend. Entsetzt erwachten die Stillen und Frommen im Lande und stellten sich hinter das vornehme Bürgertum und die patriarchalischen Hofbauern. Die Bewegung nahm auch xenophobe Züge an. In Bern hieß es: »Nassau furt, die Berner Hoch«, denn aus dem Hessisch-Nassauischen waren führende liberale Professoren an die 1834 gegründete liberale Hochschule gekommen. Als die zu aufgeklärte Zürcher Regierung 1839 den Leben-Jesu-Forscher David Friedrich Strauss an die theologische Fakultät berief, da wurde sie von einem altkirchlich inspirierten Volksaufstand der Heimarbeiter des Zürcher Oberlandes weggefegt. Doch schon wenige Jahre später erwies sich die radikale Bewegung als stärker.

Stärker war sie auch in den Kantonen Waadt und Genf, wo sie nach einer eigentlichen Kirchenspaltung rief, da sich Pfarrer und Professoren weigerten, den Weisungen der neuen radikalen Regierung zu willfahren. Eine neue staatfreie »Eglise libre« sollte die gemäßigten und konservativen Kräfte sammeln. Sie blieb jedoch in der Minderheit.

Während die großen reformierten Kantone Bern, Zürich und Waadt um 1845 herum eindeutig in das radikale Fahrwasser gerieten, war die konservative Gegenbewegung in den katholischen Kantonen meist von Erfolg gekrönt. Auch dort hatten sich die aufklärerischen Ansätze des 18. Jahrhunderts vorerst weiterentwickeln können. Zur napoleonischen Zeit hatte Ignaz Heinrich von Wessenberg die helvetische Quart des von ihm verwalteten Bistums Konstanz nachhaltig in liberalem Sinn beeinflußt. Doch rüstete sich, von Rom her inspiriert, der ultramontane Geist zum entscheidenden Gegenschlag. In Freiburg hatte der pädagogische Reformer Père Grégoire Girard – der katholische Pestalozzi – schon 1823 den Jesuiten weichen müssen, die in Freiburg, im Wallis, später in

Schwyz die Kontrolle des Unterrichts in ultramontanem Sinn übernahmen.

Zwar schien 1830 in Luzern, Freiburg und Solothurn der Sieg der liberalen Katholiken im Rahmen der »Regeneration« sicher, aber schon 1834 scheiterte die Errichtung eines schweizerischen Nationalerzbistums, das aufklärerisch-humanitär und etatistisch-demokratisch konzipiert gewesen wäre, an einer heftigen Volksreaktion gegen dieses »Heidengesetz«. Eine Oppositionsbewegung, halb bruderschaftsartig als »Gebetsverein«, halb politisch als »Verteidigungsverein«, begann den Kampf gegen die radikal orientierten »Schutz- und Volksvereine« aufzunehmen.

Von 1841 an beschleunigte sich die Auseinandersetzung, als die radikale Aargauer Regierung gleich acht Klöster aufhob, was eine offensichtliche Verletzung des »Bundesvertrages« darstellte, der in § 12 den Fortbestand der Klöster garantiert hatte. Die Tagsatzung konnte nur noch die Fortführung von vier Frauenklöstern retten. Es blieb bei der Säkularisierung einer so traditionsreichen Benediktinerabtei wie derjenigen von Muri. Daraufhin reagierte als erster Kanton das katholische Luzern. Eine Massenpetition des frommen Luzerner Volkes, klerikal-demokratisch orientiert, fegte die liberalen Aufklärer und ihre Reformen weg.

Fortan ging eine Spaltung durch den schweizerischen Katholizismus. Alle geschlossen katholischen Kantone lenkten in diese mehr oder weniger altdemokratisch-konservative Linie ein – Solothurn und Tessin ausgenommen, wo sich der liberale Katholizismus halten konnte.

Das konservativ gewordene Luzern ging konsequent einen verhängnisvollen Schritt weiter. Es berief 1844 den Jesuitenorden. Das Gespenst einer konfessionellen Kampfsituation war damit heraufbeschworen, und im Zeichen einer radikal-patriotischen Aufwallung wälzten sich zweimal Freischarenzüge aus den radikalen Nachbarkantonen nach Luzern. Sie scheiterten Ende 1844 und im Frühling 1845 am entschlossenen Volkswiderstand des Luzerner Volkes. Man schlitterte gemeinschweizerisch in eine anarchische Situation, zwei Landfriedensbrüche lagen vor. Die bedrohten katholischen, konservativen Kantone schlossen sich am 11. Dezember 1845 zu einer »Schutzvereinigung« zusammen, zur Wahrung der alten Ordnung des »Bundesvertrages«, der zwar in § 6 alle Bund und Kantonen nachteiligen Verbindungen unter Kantonen verbot. Das Schlimme war, daß damit Erinnerungen an die Zeit des »Borromäischen Bundes«, an die Zeit der Glaubenskriege, heraufbeschworen wurden. Die Konservativen unter den Reformierten konnten nun nicht mehr gemeine Sache mit den »Sonderbündlern«

machen, während die liberalen Katholiken nur um so heftiger reagierten, dort wo es ihnen noch möglich war. Es zeigt sich deutlich, daß die Verfassung von 1815 nicht mehr genügte, um das Staatswesen in Ordnung zu erhalten, ganz abgesehen davon, daß sie für ein Land, das im sozialen und wirtschaftlichen Umbruch war, nicht nur ungenügend, sondern eigentlich hemmend war. Die Krise fiel schließlich mit der Kartoffelnot von 1845 zusammen. Erst 1847 erreichte man wieder genügende Ernten.

Zwischen 1831 und 1846 war es vielerorts zu blutigen Zusammenstößen gekommen. Drei Standgerichte und ein politischer Mord markierten den Ernst der Situation. Achtmal hatten eidgenössische oder kantonale Truppen intervenieren müssen, kantonale Regierungstruppen, sei es einer konservativen oder einer liberal-radikalen Regierung.

Eigentlich war schon längst die Mehrheit des Volkes auf liberaler Seite. Der »Sonderbund« zählte ja nur 415 000 Einwohner, denen in den übrigen 15 Kantonen 1 977 000 gegenüberstanden. Es stellte sich, da die radikale Bewegung doch nicht stark genug war, um eine revolutionäre Entscheidung zu erzwingen, die Frage nach der Auflösung des »Sonderbundes« auf legalem Wege. Dazu war – nach Meinung der liberalen Juristen und Politiker – die Mehrheit von zwölf Standesstimmen nötig. Sie wurde erreicht, als im paritätischen Kanton St. Gallen 1847 eine knappe liberale Mehrheit im Großen Rat erzielt war. Unter der entschlossenen Leitung des radikalen bernischen Tagsatzungspräsidenten Ulrich Ochsenbein fielen im Sommer 1847 die Entscheide: Auflösung des »Sonderbundes« mit Waffengewalt, Revision des Bundesvertrages und Ausweisung der Jesuiten.

Das Ausland, das eigentlich hätte intervenieren müssen, war sich uneinig. Großbritannien verzögerte aus grundsätzlichen Erwägungen die gemeinsame Aktion. So konnte die Majorität rasch und entschlossen handeln. Sie trat als die offizielle Eidgenossenschaft auf. Daß durch die Tagsatzung ein Berufsoffizier von hohem Ansehen, Guillaume-Henri Dufour von Genf, zum General, d. h. zum Oberkommandierenden gewählt wurde, war symptomatisch. Dufour war reformiert-konservativer Gesinnung wie etliche hohe Offiziere. Die reformiert-konservative Elite stand aber zur gesamtschweizerischen Sache und verhinderte mit vielen Einsichtigen aus der liberal-radikalen Bewegung, daß der Krieg in blutigen Konfessionshaß ausartete, denn gegen »die Jesuiten« ließ sich der hinterste Protestant mobilisieren. Dufour löste die schwere Aufgabe mit Umsicht und Entschlossenheit. Er sah verfrühten Einzelaktionen des »Sonderbunds«, der seine Kräfte kantonal zersplitterte, ruhig zu, um dann mit überlegenen Kräften zuerst das isolierte Freiburg einzunehmen und anschließend konzentrisch gegen Luzern vorzugehen. Nach erfolglosem Widerstand bei Gislikon führte die Einnahme Luzerns zur Kapitulation aller übrigen Sonderbundskantone. Der Krieg hatte 26 Novembertage lang gedauert. In den militärisch besetzten Kantonen fanden anschließend unter den Bajonetten Wahlen statt, die für einige Zeit in Luzern, Freiburg und Wallis liberal-radikale Mehrheiten ergaben, in Zug und Schwyz zur Abschaffung der Landsgemeinde führten.

»Im Hochland fiel der erste Schuß, im Hochland wider die Pfaffen«, sang daraufhin Freiligrath in etwelcher Vereinfachung der Dinge. Der zweite Schuß fiel am 12. Januar 1848 in Palermo, der dritte am 23. Februar in Paris. Der Ausbruch der großen liberalen Revolution des Jahres 1848 ermöglichte der Schweiz ohne Komplikationen durch ausländische Einmischung ihre internen Angelegenheiten zu regeln.

Die Revision des »Bundesvertrages« wurde im Februar 1848 an die Hand genommen. Im Laufe des Sommers genehmigten die Tagsatzung, die Kantonsregierungen und schließlich das Volk in allgemeiner Abstimmung die neue von Grund auf revidierte Bundesverfassung. Am 22. September hielt die Tagsatzung ihre letzte Sitzung ab, und am 6. November fand die erste »Bundesversammlung« der neuen eidgenössischen Räte in Bern statt. Der Schweizerische Bundesstaat war geschaffen.

# 8. Der freisinnige Bundesstaat 1848 bis 1914/18

## 8.1. Der republikanische Kleinstaat im Europa der imperialistischen Großmächte, 1848 bis 1914

Die Revolutionen des Frühjahrs 1848 brachten die liberale Republik in die Versuchung, sich an der Seite dieser Revolution außenpolitisch zu engagieren. Die Tradition der Neutralität und die Rücksicht auf die eigene Selbsterhaltung waren stärker, wenn auch der linke radikale Flügel gerne mitgespielt hätte. So wurde im April 1848 ein sardisch-piemontesisches Bündnisangebot negativ beantwortet. Mit Grenzbesetzungen im Norden und im Süden wahrte man 1848/49 Revolution und Reaktion gegenüber Neutralität. Viele Flüchtlinge suchten den Weg aus Italien und Deutschland in die Schweiz. Im Sommer 1849 traten die Reste der badischen Armee bei Basel über die Grenze.

Infolge der europäischen Entwicklung wurde die Schweiz wieder isoliert, nachdem 1852 Frankreich von der zweiten Republik zum zweiten Kaiserreich gewechselt hatte. Abgesehen von Sardinien-Piemont blieben ja nur noch die fernen Länder Belgien, Niederlande und Dänemark bei liberalen Verfassungen. Die Schweiz war wiederum einzige Republik in Europa.

Und gleich setzte der Druck der Mächte ein. Wie 1823 und 1836, mußte die neue Regierung zu Ausweisungen von Flüchtlingen schreiten bzw. zum Abschub via Frankreich (meist nach den Vereinigten Staaten). Zwei Kantone, Genf und Tessin, leisteten allerdings Widerstand gegen die Weisungen des Bundesrats, dem als neue Zentralbehörde die ausschließliche Führung der Außenpolitik zustand. Österreich sah sich 1853 infolge der Maßnahmen, welche die antiklerikale Tessiner Regierung gegen die Bistümer Mailand und Como verhängt hatte, zu einer Grenzsperre und zur Ausweisung aller Tessiner aus Lombardo-Venetien veranlaßt. Die Schweiz bereitete sich auf eine allfällige österreichische Intervention vor. Schließlich führten Konzessionen der Tessiner Regierung zur Lösung der Spannung.

Ganz unerwartet führte 1856 eine gegenrevolutionäre Aktion in Neuenburg zu einer schweren Spannung mit dem Königreich Preußen. Das Fürstentum Neuenburg war während der Achtundvierziger Revolution durch einen kurzen internen Handstreich zur liberal-radikalen Republik geworden. Die Bindung mit dem Fürsten und König Friedrich Wilhelm IV. wurde damit einseitig gelöst.

Aber im September 1856 versuchten die Royalisten – die Konservativen dieses Kantons – die Restauration der vorrevolutionären Verhältnisse. Wenn auch ihr Anschlag sofort scheiterte, so stellte sich die Frage der Verurteilung der gefangengenommenen führenden Royalisten, die der König nicht im Stich lassen konnte. Militärische Vorbereitungen und Drohungen Preußens führten zu einer eidgenössischen Mobilmachung unter General Dufour, der »Rheinkampagne«. Doch gelang es schweizerischer Diplomatie und der Vermittlung Napoleons III. einen Kompromiß herbeizuführen. Der König leistete auf das Fürstentum Verzicht, die inkulpierten Royalisten wurden freigelassen. Außenpolitisch ein gewisser Erfolg, hatte die allgemeine Aufwallung patriotischen Einsatzes zu einer Versöhnung der Sonderbundgegensätze geführt. Über das allfällige Kriegsgenügen der Armee waren die Meinungen geteilt.

Schon vier Jahre darauf sollte der Nationalstolz der Schweizer allerdings wieder gedemütigt werden. Nach der Abtretung Savoyens an Frankreich machte man sich Hoffnung auf den Anschluß Nordsavoyens. Als jedoch ein mißlungener genferischer Piratenstreich nach Evian und Thonon die Schweiz vor aller Welt lächerlich gemacht hatte, konnte Kaiser Napoleon in Savoyen eine Volksabstimmung durchführen, die den Anschluß an Frankreich mit überwältigendem Mehr guthieß. Frankreich hatte die Savoyer durch die Erweiterung der Freizonen an der Schweizer Grenze ködern können. Nun war die französische Grenze von der Rhone unterhalb Genfs bis zum Montblanc vorgeschoben.

Während des sardisch-französischen Krieges gegen Österreich 1859 und des italienisch-österreichischen von 1866 deckte die Schweiz die betroffenen Grenzabschnitte im Süden bzw. Osten mit Teilmobilmachungen, erste Modell-Grenzbesetzungen des neuen Bundesstaates. Moltke erklärte damals, daß die Schweizer Miliz als Neutralitätsschutz ein in Rechnung zu stellender Faktor sei. Der Deutsch-Französische Krieg zwang 1870 zu einer Generalmobilmachung der ganzen Armee und zur Wahl des Oberkommandierenden, des Generals (Hans Herzog). Vorerst wurde die gesamte Nordgrenze von Schaffhausen bis in die Burgunder Pforte durch Truppenaufgebote geschützt. Aus Gründen der Sparsamkeit entließ man das Gros der Armee nach einem Monat, so daß, als Ende Januar 1871 die von den Deutschen abgedrängte französische Südarmee Bourbaki zum Grenzübertritt im Jura ansetzte, viel zu wenig Truppen bereitstanden. Doch ließ sich die französische Armee, die bei großer Kälte und hohem Schnee meistenteils demoralisiert war, gemäß den Weisungen des schweizerischen Generals internieren (87000 Mann). Die Grenzbesetzung von 1870/71 hatte erhebliche

Mängel an der Organisation der Armee aufgedeckt, sowohl hinsichtlich der Ausbildung der Truppen, wie hinsichtlich der zivilen wie finanziellen Maßnahmen, der Leistungen der Eisenbahnen und des Telegrafennetzes sowie des Verhältnisses zwischen Bundesrat und Oberkommandierendem.

Die Lage der Schweiz wurde durch die nationalen Zusammenschlüsse Italiens und Deutschlands wesentlich verändert. Neben die bisher einzigen Großmächte Frankreich und Österreich traten als Nachbarn die zwei neuen: Das Deutsche Reich anstelle der Kleinstaaten Baden, Württemberg und Bayern und das Königreich Italien anstelle von Sardinien-Piemont und der bis 1859 österreichischen Lombardei. Die italienische Einigung war von den Liberalen und insbesonders von den Tessinern begeistert begrüßt worden, wenn sich auch – wie schon zur Zeit der Cisalpinischen Republik – irredentistische Locktöne unangenehm bemerkbar machten. Die deutsche Einigung stieß auf geteilte Meinungen, Ablehnung aus republikanisch-kleinstaatlichen Überlegungen einerseits, Bewunderung der diplomatisch-militärischen Leistungen andererseits.

Die lange Friedensepoche von 1871 bis 1914 war für den Kleinstaat mitten in Europa recht vorteilhaft. Die Schweiz hatte sich allerdings schon gleich nach Schaffung des Bundesstaates beflissen, mit allen Mächten der Welt in gute Beziehungen zu treten und Handelsverträge mit Sardinien, den Vereinigten Staaten von Amerika, Großbritannien, Belgien und Japan abgeschlossen, relativ spät jedoch mit den stärkeren Nachbarn. Die sich von 1860 an abzeichnende Epoche des Freihandels war für die wirtschaftliche Entwicklung des kleinen, aber sich immer stärker industrialisierenden Binnenlandes sehr günstig. In größere europäische Einheiten gliederte man sich ein durch den Entscheid zum französischen Frankensystem (1850), den Beitritt zur lateinischen Münzunion (1865) und – recht spät – durch die Einführung des metrischen Maßsystems (1874).

Bewußt beteiligte man sich an den entstehenden internationalen Organisationen, nachdem Genf 1864 bahnbrechend mit der Gründung des Roten Kreuzes (des Schweizer Kreuzes in gewechselten Farben) vorangegangen war. Die internationale Telegrafenunion (1865), der Weltpostverein (1874) und das Zentralamt des internationalen Eisenbahntransports (1890) wählten Bern zu ihrem Zentralsitz. Die Schweiz wurde bevorzugt als Ort für viele internationale Kongresse, und viele Schweizer waren in internationalen Organisationen führend. Bundesrat Numa Droz konnte einmal mit Recht sagen, daß die Schweiz mit allgemeiner Zustimmung eine Art von geistigem und moralischem Vorort in internationalen Beziehungen geworden sei.

Es war die Zeit, in welcher die Schweizer Alpen zwischen Montreux, Interlaken und St. Moritz zum bevorzugten Touristengebiet Europas geworden waren, die Zeit, in welcher von allen Seiten Arbeitsuchende herbeiströmten, und wo die ausgesprochen liberalen schweizerischen Hochschulen des französischen und des deutschen Landesteils viele Fremde, insbesondere deutsche und slawische Studierende anlockten. Lange Zeit waren die schweizerischen Universitäten die einzigen deutschsprachigen, die das Frauenstudium ermöglichten, und diese Möglichkeit wurde vor allem von Ausländerinnen benutzt. Noch bedeutsamer war die führende internationale Stellung des eidgenössischen Polytechnikums in Zürich.

Die Schweiz war als bürgerliche Republik im bourgeois-liberalen Europa recht wohlgelitten, wenn sie auch gelegentlich suspekt erschien, denn die liberale Öffnung schweizerischer Hochschulen zog oppositionelle, besonders russische Studenten an, und ihr Asylrechtsprinzip machte sie zum »Hort der Anarchisten«. 1889 kam es denn auch mit dem Deutschen Reich (Wohlgemuthhandel) und 1902 mit Italien (Silvestrellihandel) solcher Fragen wegen zu momentanen diplomatischen Spannungen. Daß jedoch die Neutralität der Schweiz durchaus respektiert wurde, zeigte z. B. die Anlage strategischer Bahnen, die im Kriegsfall die Umfahrung Basels und Schaffhausens gestatteten. Immerhin blieb die Schweiz wachsam. Der Bau der italienischen »Kanonengassen« in den Grenztälern wurde mit Mißtrauen verfolgt und der Ausbau der Festungen Gotthard und St-Maurice vorangetrieben, wie auch des alpinen Straßennetzes, das sowohl militärischen wie touristischen Zwecken dienlich war.

Das große Unternehmen des Gottharddurchstiches (1872 bis 1882) benötigte die Zusammenarbeit zwischen der Schweiz, Italien und Deutschland und gab beiden ausländischen Mächten einen gewissen Einfluß auf diese so wichtige Bahnlinie. Als sie 1909 verstaatlicht wurde, ratifizierte die Bundesversammlung 1913 den neuen »Gotthardvertrag«, der dem Reich und Italien auf dem ganzen Netz der Bundesbahnen Meistbegünstigung einräumte, unter Mißachtung einer starken nationalen Opposition.


## 8.2. Die Organisation des Bundesstaates unter der Führung der freisinnigen Volksbewegung

Die vom Volke mit Dreiviertelsmehrheit 1848 angenommene Bundesverfassung brachte primär eine Gewichtsverlegung der Entscheidungsgewalten von den Kantonen auf den Bund. Der Grundsatz, daß der Kanton souverän sei, soweit seine Souveränität nicht mit den Kompetenzen des Bundes in Widerspruch stehe, bedeutete eben doch, daß Bundesrecht fortan Kantonsrecht breche. Zuerst waren die Kantone genötigt, ihre Verfassungen den Bundesbestimmungen anzugleichen. Die Schweiz zählte nun 19 Repräsentativdemokratien und 6 Landsgemeindedemokratien: Beide Unterwalden, Glarus, beide Appenzell sowie Uri, das erst 1927/28 die Institution der Volksversammlung als höchster Landesinstanz aufgab. Es waren seit 1815/33 22 Kantone, von denen drei in Halbkantone geteilt waren, welche sich von den übrigen nur dadurch unterscheiden, daß ihre Standesstimme eine halbe ist und ihre Vertretung im Ständerat (früher in der Tagsatzung) aus nur einem Delegierten besteht. Der Bund selbst war als ausgesprochene Repräsentativdemokratie aufgebaut: Gewaltenteilung in der Behördenstruktur: Das heißt als Legislative ein zweikammriges Parlament, die »Bundesversammlung« – in Anlehnung an das amerikanische Vorbild; der »Nationalrat« als Volkskammer proportional der kantonalen Bevölkerung entsprechend zusammengesetzt und der »Ständerat« als Fortsetzung der Tagsatzung mit der traditionellen Doppelvertretung der Kantone, ersterer durch direkte Volkswahl, letzterer nach kantonalem Ermessen, damals noch in der Regel durch die Großen Räte, bestellt. Ein Entscheid sollte erst gültig sein, wenn ihm beide Kammern beistimmten; bei Divergenzen war keine Priorität eines der beiden Räte vorgesehen.

Als Exekutive wurde dem Beispiel der Kantonalverfassungen von 1830 entsprechend ein eidgenössischer Regierungsrat unter der Bezeichnung »Bundesrat« geschaffen, mit nun ganz anderen Kompetenzen als der bisherige Vorort. Er zählte sieben Mitglieder, von denen reihum eines für ein Jahr das Amt des Bundespräsidenten ohne sonderliche Prärogativen zu bekleiden hatte. Als richterliche Behörde wurde ein »Bundesgericht« bestimmt – wie der Bundesrat vom vereinigten Parlament gewählt –, noch nicht ständig und als Schiedsgericht bei Streitigkeiten unter den Kantonen gedacht. Abgesehen vom Bundesgericht, das 1874 zur festen Behörde mit Sitz in Lausanne wurde, ist die eidgenössische Behördenstruktur bis heute so geblieben, wie sie 1848 instituiert wurde. Bern wurde 1848 zum Bundessitz bestimmt.

Die Schweizer Fahne und das Schweizer Wappen – das weiße Kreuz freischwebend im roten Feld – erhielt nun endgültig den Vorrang vor den 25 Kantonssymbolen, und bei feierlichen Anlässen waren die eidgenössischen Behörden von ihren rot-weiß gekleideten Bundesweibeln begleitet.

In der Verfassung verankerte man das Prinzip der Dreisprachigkeit

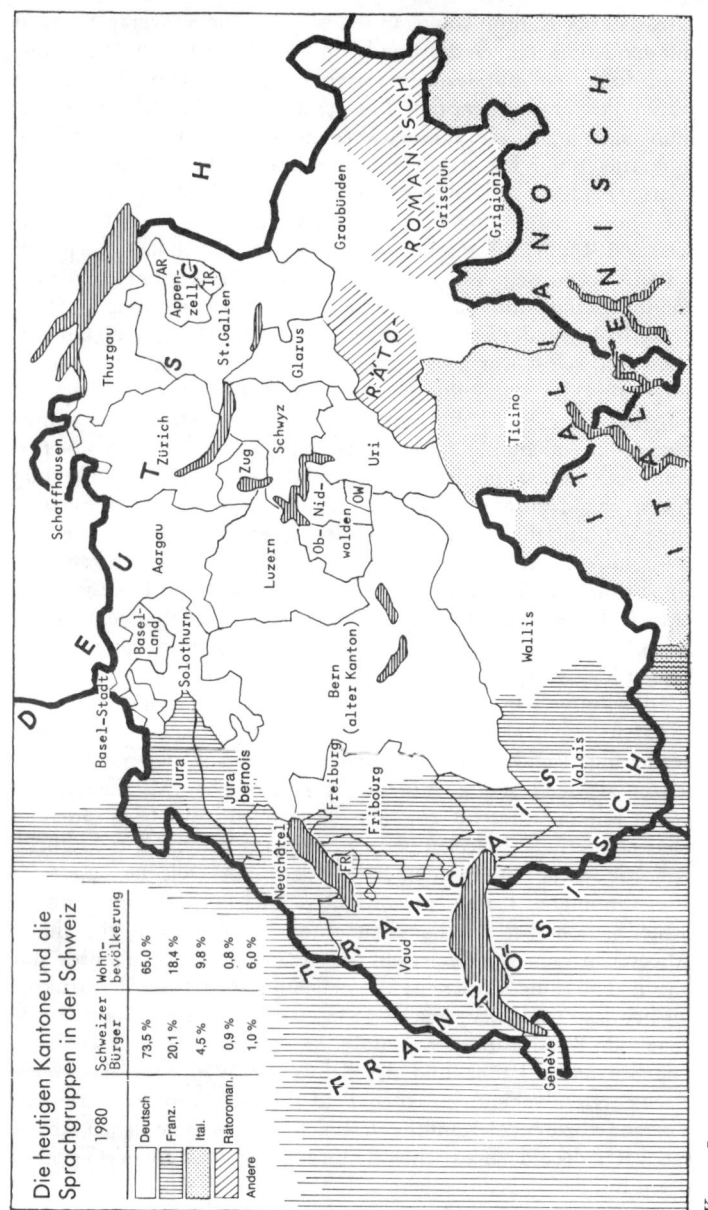

Die heutigen Kantone und die
Sprachgruppen in der Schweiz

| 1980 | Schweizer Bürger | Wohnbevölkerung |
|---|---|---|
| Deutsch | 73,5 % | 65,0 % |
| Franz. | 20,1 % | 18,4 % |
| Ital. | 4,5 % | 9,8 % |
| Rätoroman. | 0,9 % | 0,8 % |
| Andere | 1,0 % | 6,0 % |

Karte 5

118

des Bundes, ein nationales Bekenntnis besonderer Art im Zeitalter des Einheitssprachennationalismus, der gerade in der europäischen Achtundvierziger Bewegung emporgeflammt war. Der Bund bzw. seine Verwaltung war fortan gehalten, mit den Kantonen in der Sprache des Partners zu verkehren. Alle offiziellen Texte mußten in den drei Landessprachen abgefaßt werden. Das Französische setzte sich in der Praxis allmählich als gleichwertig durch, auch wenn das Deutsche (von über 70% gesprochen) sich in Gesetzesarbeit und Verwaltung eine gewisse Priorität erwarb. Der Gebrauch des Italienischen blieb effektiv auf die entsprechenden Regionen (Tessin und die vier Bündner Südtäler) beschränkt, das Rätoromanische interne Sache des Kantons Graubünden.

Demokratisch war die Verfassung insofern, als daß jeder Schweizer Bürger den Nationalrat wählen konnte. Dessen Wahl erfolgte nach dem damals üblichen Majoritätsprinzip, das für jeden Kandidaten das absolute Mehr verlangte. Die Einteilung der Wahlkreise war Sache des Nationalrats, so daß durch regionale Kombinationen, d. h. durch »Wahlkreisgeometrie«, die herrschende Partei sich jeweils sichere Positionen schaffen konnte.

Das zweite demokratische Recht bestand in der Möglichkeit, durch eine »Initiative«, die 50 000 Bürger ergreifen mußten, eine Änderung der Gesamtverfassung verlangen zu können. Außerdem unterstand jede einzelne Verfassungsänderung dem »obligatorischen Referendum«, d. h. der Volksabstimmung. Bis zur Gesamtrevision von 1872/74 fand jedoch nur 1866 eine Abstimmung über eine Anzahl von Änderungen statt.

Da viele Kantone die verschiedenen Menschen- und Bürgerrechte meist schon 1830 in ihren Verfassungen formuliert hatten, beschränkte sich die Bundesverfassung auf das Wesentliche: Garantie der Pressefreiheit, der Vereinsfreiheit, des Petitionsrechtes, der Gleichheit vor dem Gesetz, Glaubensfreiheit in restriktivem Sinne, denn freier Kultus war nur für die anerkannten zwei christlichen Konfessionen erlaubt, wie denn auch die Niederlassungsfreiheit nur für deren Angehörige galt. Erst 1866 erhielten die Israeliten durch Volksabstimmung die rechtliche Gleichstellung, nachdem man sie französischen Staatsbürgern und damit auch Juden 1864 im Handelsvertrag mit Frankreich zugebilligt hatte. Bis anhin genossen die schweizerischen Israeliten nur das alte Niederlassungsrecht in zwei Gemeinden des Kantons Aargau.

Die Wirtschaftsfreiheit war so selbstverständlich, daß sie in der Bundesverfassung nicht einmal Erwähnung fand. Sie wurde erst in der revidierten Verfassung von 1874 ausdrücklich formuliert. Der Bund hatte von 1848 an einfach das zu besorgen, was der Öffentlichkeit bzw. einer freien Wirtschaft notwendig war: Vereinheitlichung von Zoll, Post, Münze, Maß und Gewicht sowie Aufhebung der Binnenzölle.

In der Armee behielt man das Kontingentssystem bei. Durch Unterstellung der Spezialwaffen unter den Bund war jedoch der Weg zur Schaffung einer Bundesarmee freigelegt. Die Fremden Dienste wurden 1848 als feste Einrichtung aufgehoben, die letzten Schweizer Truppen jedoch erst 1858 aus dem Königreich Neapel zurückgerufen. Individueller Dienst in anderen Armeen blieb bis 1927 erlaubt.

Das Schwergewicht der Verwaltung ruhte nach wie vor auf den Kantonen, denen insbesondere die Polizei, die Straßen, die Rechtspflege und deren Kodifikation, die Steuern, das Sanitätswesen, Schule und Kirche unterstand. Die Weiterführung von Konkordaten und der Abschluß neuer war gewährt. Daß man nicht zuviel Vereinheitlichung wünschte, zeigte sich schon bald; einmal im Verzicht auf den Eisenbahnbau durch den Bund, dann im Scheitern der Errichtung einer eidgenössischen Universität. 1854 fand nur die Gründung einer eidgenössischen Polytechnischen Schule (in Zürich) Gnade bei den Räten.

## 8.3. Freisinnige Hegemonie und konservative Opposition (1848 bis 1874)

Die ersten Wahlen in die Bundesversammlung von 1848 ergaben eine erdrückende freisinnige Mehrheit in beiden Räten. Der Bundesrat bestand nur aus Freisinnigen (von den sieben waren fortan in der Regel zwei katholischer Konfession und zwei nicht deutschsprachig). Majorzwahlen und Wahlkreisgeometrie sorgten dafür, daß es bei dieser Parlamentsmehrheit blieb. Der Freisinn (Radikale und Liberale) war allerdings eine richtige Volkspartei weltanschaulicher Prägung: Patriotisch-national, mehr oder weniger zentralistisch, freiheitlich und demokratisch, antiklerikal und antipatrizisch. Sie umfaßte alle Volkskreise, Bauern, Handwerker, Arbeiter, Unternehmer und Intellektuelle, als allgemeine Volksbewegung mit volksverbundenem Führungsgremium, lose organisiert. Sie befand sich in fast allen Kantonen an der Macht. Eine Kerntruppe bildeten die Freimaurer und die von den politisch neutral gebliebenen Zofingern 1858 endgültig abgespaltene Studentenverbindung »Helvetia«.

In den Kantonen beanspruchte die Mehrheitspartei grundsätzlich alle wichtigen Ämter für sich, in größeren Kantonen insbesondere die Nomination der Regierungsstatthalter in den einzelnen Bezirken. An sich wandte jede Mehrheit, ob freisinnig oder konservativ, die Methoden an, die ihr in den Wahlkämpfen am besten dienlich waren, bis zu einem gewissen Druck in den meist noch öffentlichen Wahlversammlungen.

Allerdings existierten in den Kantonen kleinere oder größere Oppositionsgruppen, deren gemeinsame Grundsätze Föderalismus (Verhinderung weiterer Zentralisation, wenn nicht gar Rückkehr zum Bundesvertrag von 1815), Kirchlichkeit (Freihalten der Kirche und Schule von politischem Einfluß in freisinnigen, enge Bindung an die Kirche in den konservativen Kantonen), Verharren in alten patriarchalischen Ordnungen, insbesondere betonte Industriefeindlichkeit. Im Bund war die Position der Konservativen vorderhand hoffnungslos. Zwar standen sie schon um 1857 auf 20% im Nationalrat, und im Ständerat bauten sie bald eine starke Position auf. Aber nur vorübergehend (1866 und 1878) konnten die Konservativen mit Zuzug einer mittleren föderalistisch-liberalen Gruppe die freisinnige Mehrheitsstellung gefährden. So blieb es bei sporadischen Einzelerfolgen, meist restriktiver Art.

Unter den reformierten Kantonen sollte nur im Halbkanton Basel-Stadt, traumatisiert durch die Kantonstrennung, sich bis 1875 eine sichere konservative Mehrheit halten können. Das Schwergewicht der Konservativen lag eindeutig beim katholischen Bevölkerungsteil. Bald gelang es, die Sonderbundskantone wieder zu sammeln, geführt durch die »Politik der Landammänner«, die patriarchalisch-klug vor allem ihre kantonale kleinbäuerliche Position wahren wollten, im Bund vorsichtige Neinsager waren, rückwärts gewandt, gebrannte Kinder des Bürgerkrieges. Hinter ihnen aber stieg eine neue junge Generation auf, die Ultramontanen des Papstes Pius IX., die intransigenten Dogmatiker des »non possumus«, die vor allem mit dem innerkatholischen Liberalismus Schluß machen wollten.

25 Jahre nach dem Sonderbundskonflikt brach plötzlich der Kampf wieder offen aus. Was sich im Deutschland Bismarcks, in Österreich und Belgien als »Kulturkampf« abspielte, das ergriff auch bestimmte Schweizer Kantone. Wieder ging es um die Staatsaufsicht über Schule und Kirche, um den Einfluß der Geistlichkeit an sich. Es kam aber nur dort zur offenen Auseinandersetzung, wo der zuständige Bischof mit der Verkündigung des neuen Infallibilitätsdogmas in Ausführung der Bestimmungen des Ersten Vatikanischen Konzils nicht zuwartete. Als Bischof Eugène Lachat im Bistum Basel seinen Kantonsregierungen trotzte, wurde er von den

meisten abgesetzt und mußte ins treugebliebene Luzern flüchten. Im durchaus mehrheitlich katholischen Kanton Solothurn gelang es mit Aufhebung von vier Klöstern, Kanzelparagraph und Verbot konfessioneller Schulen, die alte katholisch-liberale Position zu verstärken. Bern aber stieß im katholischen Teil des Juras auf Widerstand, als es gegen hundert protestierende Geistliche auswies, drei Klöster säkularisierte und die Prozessionen verbot. Trotz polizeilich-militärischem Eingreifen blieb die Bevölkerung in ihrer Mehrheit der altangestammten römischen Kirche treu, und Bern sah sich bald zu einzelnen Rückziehern veranlaßt. Aus diesen Jahren blieben dort böse Erinnerungen haften.

Schließlich konnte die radikale Genfer Regierung mit Erfolg den Versuch der Errichtung eines Bistums in der Stadt Calvins verhindern, was jedoch zur Verlagerung des Konflikts auf Bundesebene führte. Als der Bundesrat den präsumtiven Genfer Bischof Gaspard Mermillod und anschließend den päpstlichen Nuntius auswies, bedeutete dies den Abbruch der Beziehungen zur Kurie. 1874 fand die neue revidierte Bundesverfassung darum eine Volksmehrheit, weil in ihr verschärfte antiklerikale Artikel eingebaut waren: Umfassenderes Jesuitenverbot, Verhinderung der Neuerrichtung von Klöstern (diese beiden Artikel wurden 1973 durch Volksabstimmung aufgehoben), Genehmigung der Errichtung von neuen Bistümern durch den Bund, neue Bestimmungen betreffend Störung des konfessionellen Friedens und insbesondere Unterstellung des Zivilstandswesens unter die Behörden der Kantone.

Ein nur bescheidener Erfolg war jedoch der Gründung von altkatholischen Gemeinden beschieden. Das Schisma, das auch in anderen Kulturkampfstaaten durch die Kirche ging, zeitigte in der Schweiz zwar die Gründung eines eigenen Bistums. Die Bewegung beschränkte sich jedoch auf die Oberschicht bestimmter Regionen. Doch blieb der politische Liberalismus in allen katholischen Kantonen erhalten, als Mehrheitsposition jedoch nur in Solothurn und im Tessin.

Kirchlich war aber das Werk der katholischen Aufklärung vertan. Die Abwanderung in den Altkatholizismus bedeutete einen intellektuellen Verlust, besonders in der Geistlichkeit. Archaische Volksfrömmigkeit dominierte mehr denn je. Und die nun einsetzende Sammlung der Romtreuen aller sozialen Schichten wurde zum Weg in das Ghetto der katholischen Subkultur. Doch trug man Sorge für die Schaffung einer intellektuell-politischen Führungsschicht im »Schweizerischen Studentenverein«, der maßgeblich an der kühnen Gründung der doppelsprachigen Universität des schweizerischen Katholizismus durch den allerdings finanzschwachen Kanton Freiburg (1889) beteiligt war, eine Universität, die stark international orientiert, dem bürgerlichen Klerikalismus der dritten französischen Republik und der übrigen konservativ-katholischen Welt nahestand.

Die Partei, die sich bis jetzt mehr konservativ und föderalistisch gegeben hatte, begann das Konfessionelle zu betonen, was allerdings einen sich zeitweise abzeichnenden Zusammenschluß mit den reformierten Konservativen verunmöglichte.

Die feste Solidarität der katholisch-konservativen Politiker mit dem antimodernistischen Klerus sorgte dafür, daß sich die alte Welt noch für fast hundert weitere Jahre in den agrarischen, industriearmen Kantonen halten konnte. Einen neuen unerwarteten Akzent aber brachte die christlich-soziale Bewegung, welche die Auswanderer aus den übervölkerten Alpengebieten und die Einwanderer aus den ja fast ausschließlich katholischen Nachbarländern in der Diaspora der wachsenden Industriezentren Zürich, Schaffhausen, Basel, Lausanne und Genf sammelte.

## 8.4. Die demokratische Bewegung im Freisinn

Vom Sieg des Freisinns schien vorerst das Großbürgertum zu profitieren. Abgesehen vom unaufhaltsamen Aufstieg verschiedenster Industrieunternehmen, führte die Freigabe der Eisenbahnunternehmungen an das Privatkapital sehr bald zu einer für die Demokratie bedenklichen Konzentration auf die »Bundesbarone«, deren Exponent Nationalrat Alfred Escher im Kanton Zürich wie im Bund zeitweise allmächtig war. In Kanton und Bund führte dies zu einer Gegenbewegung kleinbürgerlicher Provenienz. Sie forderte als Volksbewegung »demokratische Gerechtigkeit«: Auf politischem Boden das Proportionalsystem für die Bestellung der Parlamente, die Volkswahl der kantonalen Regierungen, in der Armee Demokratisierung des Offizierskorps und Umstellung auf »Volksbewaffnung« im Sinn des Guerillakrieges, auf sozialem Boden Arbeits- und Versicherungsgesetzgebung.

Der erste Erfolg der Bewegung war die Revision der Bundesverfassung, die zwar im ersten Anlauf 1872 an der Forderung »ein Recht, eine Armee« scheiterte, im zweiten schon 1874 dank dem Verzicht auf allzu zentralistische Postulate, die man durch die kulturkämpferischen ersetzte, durchdrang. Es war noch einmal gelungen, die Spaltung zwischen Rechts und Links in der großen freisinnigen Volkspartei zu überwinden. Von 1881 an verfügte der Freisinn wieder über die sichere Mehrheit von zwei Dritteln des Nationalrates.

Nun traten die Söhne der Männer von 1848 das Erbe an und stellten noch immer Staatsmänner von Format, wie die Bundesräte Welti, Ruchonnet, Droz und Deucher.

1874 bedeutete eine Öffnung zu »weiterer Demokratisierung im politischen Betrieb«. Das »fakultative Referendum«, d. h. die Unterstellung der Bundesgesetze und allgemeinverbindlichen Bundesbeschlüsse der Bundesversammlung unter die Volksabstimmung, sofern dies 30000 Bürger verlangten, war ein Vetorecht, von welchem allerdings bald die konservativen Kräfte erfolgreich Gebrauch machten und so manche föderalistische Sphäre vor zentralistischem Zugriff retten konnten. 1891 trat die Möglichkeit der Verfassungsinitiative dazu. Mit 50000 Unterschriften konnten nun die Bundesbehörden veranlaßt werden, irgendwelche Vorschläge dem Volke unterbreiten zu müssen.

Referendum und Initiative sorgten, verbunden mit dem seit 1848 bestehenden Obligatorium des Referendums bei Verfassungsänderungen, dafür, daß fortan eine sehr lebhafte Abstimmungstätigkeit begann und daß sich der demokratische Meinungskampf durch Presse und Volksversammlungen von den elitären Parlamenten in eine breitere Öffentlichkeit verlagerte. So waren nun trotz Majorzparlament den Minoritäten gewisse Einflußmöglichkeiten offen.

Dazu trat das allmähliche Eindringen der Proportionalwahl in die kantonalen Parlamente, zuerst 1891/92 in Neuenburg und im Tessin. Bis 1914 folgten acht weitere Kantone, während die größeren noch abseits blieben. Die Folge war, daß die Mehrheitspartei jeweils schwächer wurde und zum Prinzip des »freiwilligen Proporzes«, d. h. zur Überlassung von Sitzen in der Exekutive an die Oppositionspartei überging, womit erste Schritte zur »Konkordanzdemokratie« getan wurden. Der Kanton Bern hatte damit schon 1854 ein erstes Beispiel gegeben, das in manchen Kantonen Nachahmung gefunden hatte. 1891 überließ die freisinnige Partei einen der sieben Bundesratssitze den Katholisch-Konservativen. Doch scheiterten 1900 und 1910 zwei Anläufe, durch Initiative den Nationalratsproporz einzuführen.

Die Epoche von 1874 bis 1914 ist charakterisiert durch ein weiteres Fortschreiten der Zentralisation bzw. der Vereinheitlichung. Bundesrat Ruchonnet hatte einmal präzisiert: »Wir wollen vereinheitlichen, nicht zentralisieren!« Das bedeutete die Schaffung von einheitlichen schweizerischen Gesetzen, deren Durchführung aber den Kantonen übertragen wurde.

Der Weg der Gesetzgebung vollzog sich nun in den drei Phasen, bei denen es bis heute geblieben ist: Erst Verfassungsgrundsatz, dann Ausarbeitung des Gesetzes und schließlich dessen Einführung durch Bundesbeschluß, wobei im ersten Fall automatisch, im zweiten fakultativ, im dritten bei »Allgemeinverbindlichkeit« das Volksreferendum eingeschaltet ist.

Auf dem Gebiet des Rechts wurde 1874/1881/1883 das Obligationen-, Schuld- und Wechselrecht vereinheitlicht. Es folgte 1898/1907/1912 das Zivilrecht, geschaffen durch Eugen Huber, ein international bewundertes Meisterwerk der Verbindung alten Gewohnheitsrechts mit modernen Ansprüchen.

Die Vereinheitlichung der Armee konnte, trotzdem die Verfassungsrevision von 1874 nicht viel Neues gebracht hatte, im gleichen Jahr durch eine Revision der Militärorganisation einen entscheidenden Schritt weitergebracht werden: An die Stelle des kantonal organisierten Kontingentsheeres trat endgültig die Bundesarmee. 1895 scheiterte in einer Verfassungsabstimmung die vollständige Zentralisation. Die Opposition richtete sich damals auch gegen den »militaristischen« Geist, d. h. gegen Dienstauffassungen nach preußischem Muster. 1907 wählte man den klügeren Weg einer bloßen Vorlage über eine neue Militärorganisation unter Belassung der veralteten Verfassungsartikel. Diese Vorlage überstand den Referendumskampf, wobei sich in der Opposition schon antimilitaristische Züge zeigten. Es ging um die dringend gewordene Erneuerung der gemütlichen Bürgerarmee, denn viele verstanden dieses Milizheer mehr als Pflanzstätte demokratischer Tugenden, denn als Instrument des Kriegsgenügens.

Im Verkehrswesen hatte die Freigabe der Eisenbahnunternehmen an die Privatwirtschaft als Unternehmer, an die Kantone als Konzessionäre schließlich zu einer »chaotischen Verwirrung« geführt. Der Höhepunkt war 1878 erreicht, als der spektakuläre Zusammenbruch der »Nationalbahn« erfolgte, die als »Volksbahn« parallel zu den bisherigen »Herrenbahnen« unter Umgehung der Zentren die Kleinstädte zwischen Bodensee und Genfer See verbinden sollte. Die finanziellen Schwierigkeiten anderer Bahngesellschaften, die Abhängigkeit von der ausländischen Finanzierung, mangelnde Sicherheit, all das führte schließlich 1898 zum Rückkauf der großen vier Hauptlinien, die fortan als »Schweizerische Bundesbahnen« vom Bund betrieben wurden.

Im Gesundheitswesen, der Forstwirtschaft, der Gewässernutzbarmachung, in den Berufsschulen, trat allgemach die »Oberaufsicht« des Bundes an die Stelle der kantonalen.

Besonders gewichtig aber war der Einbruch in die liberale Wirtschaft durch die Sozialgesetzgebung, in welcher man sich dem Ausland gegenüber im Rückstand befand. Hier ging der kleine Kanton

Glarus beispielhaft voraus. Nachdem er schon 1848 ein relativ modernes Gesetz erlassen hatte, kam es 1864 zum vorbildlichen Landsgemeindebeschluß: Zwölfstundentag, Schutz für schwangere Mütter und ältere Schüler, Verbot jeder Nachtarbeit, Gebot größerer Ruhepausen, Sicherheitsvorschriften und Schaffung eines kantonalen Fabrikinspektorates. All dies wurde gegen die vehemente Opposition der Industriellen in Landrat und Landsgemeinde durchgesetzt von einem seit hundertfünfzig Jahren industrialisierten, überwiegend reformierten, gebirgsbäuerlichen Heimarbeitervolk unter Führung seiner Pfarrer und Ärzte.

Dem Modell Glarus entsprechend schuf der Bund 1877 ein gesamtschweizerisches Fabrikgesetz aufgrund des entsprechenden Verfassungsartikels von 1874. Es handelte sich um die Vereinheitlichung von in vielen Kantonen schon bestehenden Gesetzen. Der Elfstundentag forderte allerdings eine Referendumsbewegung des Unternehmertums heraus, die bei welschen Föderalisten und bei vielen Heimarbeitern Unterstützung fand. Sie scheiterte knapp an einer gesamtdemokratischen Front, die aus katholisch-konservativen Kantonen nachdrückliche Unterstützung fand. Erst 1912 folgte ein Kranken- und Unfallversicherungsgesetz für die Arbeiter- und Angestelltenschaft.

All diese zentralistischen Erfolge waren Ausdruck des wohlfahrtsstaatlichen Denkens des demokratischen Freisinns, gepaart mit den technokratischen Erwägungen des wachsenden Verwaltungsstaates. Nach wie vor aber kämpften die Konservativen unentwegt für die Rechte der Kantone. In diesem Kampf erhielten sie oft neuen Zuzug aus der französischen Schweiz, wo die freisinnigen Radikalen sich immer dann von ihren deutsch-schweizerischen Gesinnungsgenossen trennten, wenn das Gespenst der »Germanisierung« durch die Zentralverwaltung heraufbeschworen werden konnte. Einer der größten Abwehrerfolge war die Ablehnung eines eidgenössischen Erziehungssekretariats, das als »Schulvogt« im Abstimmungskampf von 1882 mit 318 000 gegen 172 000 wuchtig »bachab« geschickt wurde. So blieben die 25 verschiedenen Schulsysteme mit ihrer partiell konfessionellen Ausrichtung und ihren kantonalen Schulbüchern als eigentliche Schildhalter des Föderalismus weiterhin erhalten. Damit konnte sich aber auch eine erstaunliche Varietät und Freiheitlichkeit des Unterrichts entfalten.

Aber vierzehn Jahre später, 1898, bezeichneten die beiden Volksabstimmungen über die grundsätzliche Rechtsvereinheitlichung und den Rückkauf der großen Eisenbahnlinien eine starke Wendung zum Zentralismus. Die Gewichte verschoben sich immer unaufhaltsamer nicht nur von den Kantonen auf den Bund, sondern auch vom Parlament auf den Bundesrat bzw. auf die Bundesverwaltung.

## 8.5. Die wirtschaftliche und soziale Umschichtung im Zeichen der entschiedenen Industrialisierung

In der zweiten Jahrhunderthälfte wurde die Schweiz zu einem einheitlichen Wirtschaftsraum mit einheitlichem Zollsystem und Obligationenrecht. Für größere Unternehmungen (Eisenbahnen!) war man aber noch lange auf ausländisches Kapital angewiesen. Neben die Textil-, Uhren- und Maschinenfabrikation traten nun noch die Nahrungsmittelindustrie (Schweizer Schokolade!) und die chemische Industrie. Neue Zentren entstanden in Entwicklung verschlafener Kleinstädte und Dorfschaften: Winterthur, Schaffhausen, Biel, Grenchen, Olten. Die Eisenbahnlinien entschieden über die wirtschaftliche Bedeutung der verschiedenen Regionen. Die zwei Alpentunnel, Gotthard (1882) und Simplon (1906), zogen den Verkehr zwischen Nord und Süd an sich, und so sollte Graubünden mit einem Schlag seine einst so dominierende Rolle verlieren. Der Tourismus weitete sich jedoch allmählich über den ganzen Alpenraum aus und bedeutete ökonomischen Aufstieg bestimmter Gegenden im Moment, wo die alten Übergänge vereinsamten.

Die Bevölkerung verlagerte sich in bestimmte Zentren des Mittellandes. Sie stieg zwischen 1860 und 1914 von zweieinhalb auf fast vier Millionen an. Erst allmählich war die Industrie so weit entwickelt, daß sie der heimischen Bevölkerung genügend Beschäftigung bieten konnte. Viele waren gezwungen, ihr Glück in der Auswanderung – besonders nach Amerika, aber auch als »Schweizer« in die ostelbischen Landwirtschaftsgebiete – zu suchen. Dazu setzte eine Binnenwanderung aus den ländlichen und vor allem den alpinen Regionen ein. Eine Mischung der Bevölkerung, sprachlich und besonders konfessionell, begann sich abzuzeichnen. Zu Ende der zweiten Jahrhunderthälfte kam schließlich großer Zuzug vom Ausland, vor allem aus Deutschland und Italien, in das sich entwickelnde Industrieland (1880: 7,4%, 1914: 15,7%). Die angrenzenden Gegenden waren ja vornehmlich ländlichen Charakters. Um 1880 überflügelte die Arbeiterschaft das Bauerntum, das in wirtschaftliche Abwehrstellung gedrängt wurde. Abgesehen von England war die Schweiz das europäische Land, das am stärksten von dieser Verschiebung betroffen wurde, deren soziale Folgen immer mehr zutage traten.

Im Laufe des 19. Jahrhunderts entwickelte sich das Unternehmertum in allen Richtungen. Einesteils verstanden es die alten Fabrikantenfamilien in Zürich, Basel, St. Gallen und Genf, sich den neuen Verhältnissen anzupassen, andererseits boten sich nun den befreiten Untertanen schier unbegrenzte Möglichkeiten. In den

Städten entstanden abseits sozialer Not die vornehmen Quartiere, im Dorf setzte die Fabrikantenvilla einen neuen Akzent. Das Söldner- und Landbesitzerpatriziat allerdings sah seine Herrlichkeit mit der politischen schwinden.

Nur langsam sollte die Angestelltenschicht die Lücke zwischen Unternehmern und Arbeitern ausfüllen, sei es in der Administration der Industrie oder im kommunalen, kantonalen oder eidgenössischen Verwaltungsapparat. Noch 1880 stellte der tertiäre Sektor erst 16% der Gesamtbevölkerung; dreißig Jahre nachher aber hatte er die landwirtschaftliche Bevölkerung an Zahl übertroffen.

In der Arbeiterschaft ging der Wechsel vom Heim- zum Fabrikarbeiter unaufhaltsam weiter. Am längsten konnte sich die relativ selbständige Stellung des einzelnen in der jurassischen Uhrenindustrie halten. Die Maschinen- und Textilindustrie aber führte zur allmählichen Absonderung der Arbeiterquartiere wie Kleinbasel, Zürich-Außersiehl, Lausanne-Renens, Genfer Agglomeration, mit Ansätzen zu eigentlicher Proletarisierung. Sie blieb lokal beschränkt, da die Industrie sich auf weite Strecken auch in ländlichen Bereichen dezentralisiert entwickelte. So blieb der Schweizer Arbeiter lange dem Kleinbürgertum nahe. Die demokratischen Volksrechte milderten die Gegensätze. Insbesondere konnte der Arbeiter mit der durch die Achtundvierziger Verfassung gewährleisteten freien Vereinsbildung seine Interessen organisieren, wie dies in anderen Ländern noch nicht möglich war.

In jenen Jahrzehnten begannen sich auch die verschiedenen wirtschaftlichen Organisationen stärker zu profilieren und zu gesamtschweizerischen Verbänden zusammenzuschließen: 1870 die Unternehmer (Handels- und Industrieverein), 1879 das Kleingewerbe (Schweizerischer Gewerbeverband), 1897 die Landwirte (Schweizerischer Bauernverband).

Die Arbeiter fanden sich von den vierziger Jahren an allmählich in lokalen Berufsverbänden. 1880 gelang die Gründung des schweizerischen Gewerkschaftsbundes, gefolgt 1903/18 vom Zusammenschluß der Angestelltenverbände.

Politisch verstand sich der Schweizer Arbeiter ursprünglich als freisinniger Demokrat. Die große Partei hielt sich nach links offen und kämpfte gerade zur Zeit des Fabrikgesetzes für staatssozialistische Postulate. Die sozialreformerische Kerngruppe bildeten seit 1839 die »Grütlianer«, ein ursprünglich kleingewerblicher Bildungsverein, der zur Kampforganisation sozialer Postulate in Kanton und Bund wurde. Neben dieser eigenständigen schweizerisch-patriotischen Arbeiterorganisation hatten sich in den vierziger Jahren erste sozialistische und kommunistische Gruppierungen gezeigt, die allerdings mehr Erfolge bei den ausländischen Einwanderern hatten. Zwischen 1860 und 1880 breitete sich im Neuenburger und Berner Jura unter den Uhrmachern die föderalistisch-anarchistische Bewegung aus, mit betont internationaler Orientierung, Rückhalt für Bakunin und Guillaume in ihrem Kampf gegen Marx.

Erst 1888 gelang es nach zwei vorübergehenden Anläufern eine Sozialdemokratische Partei der Schweiz zu gründen, ein Jahr vor dem Zusammenschluß zur »Zweiten Internationalen«. Ab 1890 galt die rote Fahne – Schweizer Fahne ohne Kreuz – auch in der Schweiz. Bald traten die Sozialdemokraten mit den Grütlianern in Kampfgemeinschaft. Zugleich war die personelle Verbindung zum Führungsstab des Gewerkschaftsbundes gegeben, in welchem Hermann Greulich, seit 1887 schweizerischer Arbeitssekretär, dominierte. Die wirtschaftlichen und politischen Verhältnisse verhärteten sich infolge der Krisen der siebziger und achtziger Jahre. Die Sozialdemokraten erschienen als suspekt, auch weil sie so international ausgerichtet waren. Eine starke Bindung an die deutsche Sozialdemokratie läßt sich denn auch nicht leugnen. Der Gewerkschaftsbund zählte zur Hälfte Ausländer. Das war keine »vaterländische Partei« mehr, noch schlimmer als die »Ultramontanen«. Der Freisinn begann denn auch, sich teilweise den Konservativen zu nähern. Ihnen gegenüber und nicht den »Roten« praktizierte man den freiwilligen Proporz, so daß es bei einer recht kleinen Vertretung der Sozialisten im Nationalrat blieb. Streikbewegungen führten zu Krawallen. Sie schienen von den neunziger Jahren an den Einsatz von Militär notwendig zu machen. Zwar bestand das demokratische Mittel von Initiative und Referendum. Doch wenn die Linke isoliert operierte, kam sie nicht über sehr kleine Stimmanteile hinaus. So drang schließlich gegen starken parteiinternen Widerstand 1904 bis 1910 das radikal-marxistische Prinzip des Klassenkampfes in Partei und Gewerkschaft durch.

Die Zahl der Sozialdemokraten stieg von Jahr zu Jahr, und dennoch wählte und stimmte jeweils nur die gute Hälfte der schweizerischen Arbeiter für die Partei. Sie blieb trotz starker zentraler Leitung innerlich heterogen. Von den revolutionären Anarchisten, Kommunisten bis zu den Reformisten war darin jede Schattierung zu finden. Es gab Antimilitaristen und Offiziere, und in gewissen Industriezentren saßen Sozialisten schon in den Exekutivbehörden. Wenn die Partei sich im demokratischen Spiel der schweizerischen Politik zwar in minoritärer Position befand, so war sie doch schon partiell ins System integriert.

## 8.6. Die Frage der »schweizerischen Kultur«

Im Laufe des 19. Jahrhunderts erfüllte sich der im 18. geträumte Traum des Helvetismus: Freies Land, bürgerlich und demokratisch, traditionsverbunden und doch nicht archaisch, seiner Verantwortung in der Welt und vor der Welt bewußt. Diese Schweiz fand ihren adäquaten Ausdruck im dichterischen Werk Gottfried Kellers, der sich mit seinem Volke eins fühlte, von ihm verstanden wurde, nachdem die einseitig radikale Haltung seiner Jugend der des weisen und bis zuletzt kritischen Lehrers seines Volkes Platz gemacht hatte. Zwischen ihm und dem 18. Jahrhundert steht Heinrich Zschokke, Exponent der geistigen Helvetik, als Volksschriftsteller von ungemeiner Wirkung.

Parallel dazu einher ging die Wiederaufnahme der naturrechtlichen Traditionen in der französischen Schweiz durch Alexandre Vinet und Charles Monnard – hier mit einem starken christlichen Akzent. Vorläufer ist Philipp Albert Stapfer, in welchem sich Helvetik und französischer Protestantismus verbinden. Die zweite Generation stellt die philosophischen Lehrer von Genf und Lausanne, Ernest Naville und Charles Secrétan. Die Brücke zur deutschen Schweiz schlägt Eugène Rambert.

Diese deutsche Schweiz steht immer stärker im Banne Deutschlands. Die drei Universitäten, das alte Basel, Zürich und Bern, die 1833/34 ihre Theologenschulen ausbauen, sind von Anfang an Varianten der kleindeutschen Universität, und weiterhin stellen Reichsdeutsche 30 bis 50% der Professorenschaft. Gegen 1900 vermehrt sich der deutsche Einfluß in Literatur, Theater, Kunst und Publizistik. Doch im Moment, wo überall die Schriftsprache der Oberschicht die deutschen Dialekte in die sozial tieferen Sphären verweist, behaupten sich in der deutschen Schweiz die verschiedenen regionalen Mundarten (ein einheitliches »Schweizerdeutsch« gibt es nicht) und werden nach wie vor ganz selbstverständlich von jedermann gesprochen. Das Hochdeutsche bleibt zweite Sprache für offizielle Gelegenheiten, für die Schule und die schriftliche Äußerung. (Diese ausgeglichene Lage scheint heute ins Wanken zu geraten, wo – sei es aus Bequemlichkeit oder Echtheitsempfinden – das Schweizerdeutsche in weitere Bereiche, besonders in den Rundfunk, eindringt.)

Die französische Schweiz reformierter Prägung steht ebenfalls stark im Bann der deutschen Entwicklungen. Insbesondere haben die Kantonaluniversitäten Genf (1873) und Lausanne (1890) – beide in Weiterführung ihrer alten Akademien – sowie Neuenburg (1838/1909) sich nach deutschem bzw. deutschschweizerischem

Muster organisiert. Hier bleibt jedoch alles stark kantonal bestimmt und von Frankreich übernimmt man nur, was sich für Reformierte ziemt.

Die kleine italienisch sprechende Gruppe, d. h. primär der Kanton Tessin, bleibt im Regionalen und verzehrt sich im heftigen Kampf der zwei weltanschaulichen Parteien, der Liberalen und Konservativen. Bei betont politischem Schweizertum ist man für alle italienischen Einflüsse offen, solange sie sich nicht irredentistisch geben. Die Rätoromanen begründen im Abwehrkampf gegen die einsetzende Germanisierung und in Distanz von der italienischen Auffassung, daß ihre Sprache ein bloßer Dialekt sei, ein neues Schrifttum, heldenhaft ringend mit den Problemen einer Kleinstsprache, die einzig als Idiom einer kantonalen Minderheit offizielle Geltung besitzt. Die noch kleinere italienische Gruppe in den vier bündnerischen Südtälern empfindet primär bündnerisch.

So wird auf vierfache Art versucht, die schweizerische Interpretation einer bestimmten »Nationalkultur« zu geben; ein nicht leichter Versuch, mit wenig Kräften, teils hoffnungslos minoritär und regional beschränkt, teils aber doch von der Größe einer selbstlosen Leistung geprägt. Jedenfalls Bereicherung als Herausforderung an den einzelnen wie an die anderssprachigen Gruppen. Von 1900 an nimmt dieser »Helvetismus« eine bewußt heimatschützlerische Tendenz an, insbesondere in der deutschen Schweiz. Die Dialektdichtung, die seit Hebel nie abgebrochen war, erlebt eine neue Blüte. Sie gibt sich keineswegs nur idyllisch, doch liegt in ihr eine gewisse restaurative Tendenz in bewußter Rückwendung in die gute alte Zeit. Im französischen Bereich – wo sich zwar die Dialekte sukzessive in die entlegenen bäuerlich-katholischen Gegenden zurückziehen – vollzieht sich eine ähnliche Rückwendung, sei es im patrizischen Traditionalismus des Freiburgers Gonzague de Reynold oder im zeitlosen Lobpreis der waadtländischen Erde durch Charles Ramuz.

Quer durch die deutsche und die französische Gruppe geht die konfessionelle Ausrichtung. Wenn auch die reformierte Schweiz ihre Bekenntnisse fallenläßt – sie steht an der Spitze der theologisch-liberalen Bewegung – und die engere Bindung an die Kirche sich lockert, so bleibt eine reformatorische Prägung lebendig, nicht nur in konservativen Kreisen. Gotthelf und C. F. Meyer wirken lange nach wie Naville und Secrétan. Zu Beginn des 20. Jahrhunderts findet die religiös-soziale Bewegung des Leonhard Ragaz den Anschluß an die Sozialdemokratie. Karl Barth sollte politisch diese Linie fortsetzen, theologisch allerdings vollzieht er den dialektischen Rückgriff auf die calvinistische Reformation. Die katholische

Ost- und Innerschweiz verharrt in defensiver, ausgesprochen alt-
schweizerischer Igelstellung, stark geprägt von den Benediktinerschulen, welche die Rolle der aufgehobenen Jesuitengymnasien
übernehmen. Die Universität Freiburg schlägt die Brücke zum
Weltkatholizismus. Nonkonformistischere Reaktionen zeichnen
sich von 1900 an ab, besonders im Werk Karl Spittelers, das in
Deutschland hohe Anerkennung findet.

In der bildenden Kunst und der Malerei geht der Weg von der Er-
fassung der heimatlichen und besonders alpinen Welt durch Menn,
Calame und Zünd über den Neuklassizismus und die Neuromantik
eines Böcklin und Welti bis zum Monumentalismus Ferdinand
Hodlers. Ein frappanter Zeitausdruck ist die revolutionär-liberale
Bildhauerei des Tessiners Vincenzo Vela. Der Historismus hat in
vielen Denkmälern seine Spuren hinterlassen. Ein Versuch, im
»Schwyzerhüsli«-Holzbaustil etwas Eigenes hervorzubringen,
wird bald durch wilhelminisch-internationale Bauart verdrängt. Le
Corbusier hat in seinem eigenen Land keinen Erfolg gehabt.

Über die Grenzen wirkten nicht allzuviele: Etwa Gotthelf, Keller,
Meyer, Spitteler, Jacob Burckhardt . . . später die Psychologen Pia-
get und C. G. Jung, sie alle recht stark geformt durch ihr Her-
kommen.

Das schweizerische Selbstverständnis blieb wie im »Helvetismus«
des 18. Jahrhunderts weiterhin stark vom »alpinen Mythos« geprägt. Diese Schweiz sollte in einer einmaligen und unmittelbaren
Formulierung durch das Kinderbuch »Heidi« (1880/81) der Zürcher Schriftstellerin Johanna Spyri-Heusser der ganzen Welt nahe-
gebracht werden. Die »freie Alpenwelt« mit ihrem naturgebunde-
nen Hirtendasein – so dichterisch überhöht sie auch erschien –
enthielt doch einen wirklichkeitsnahen Kern. Die ganze Schweiz,
ungeachtet ihrer Verschiedenheiten, fand sich tatsächlich in einer
gewissen Einfachheit, welche auf die bäuerlich-bürgerliche Prägung des Landes zurückzuführen ist und im 19. Jahrhundert in der
allgemeinen Demokratisierung ihren Ausdruck fand; denn diese
Demokratisierung bezog sich nicht allein auf den politischen Bereich. Sie ist unter anderem faßbar im schweizerischen Schulsy-
stem, so wie es sich im 19. Jahrhundert entwickeln sollte. »La répu-
blique est au collège« rief um 1830 ein Genfer Bürger aus und verstand darunter, daß die demokratische Einheit der Republik durch
den gemeinsamen Schulunterricht aller Bevölkerungsklassen garantiert werde. Tatsache ist, daß mit wenig Ausnahmen die Schweizer
Kinder die öffentlichen Schulen besuchen und daß in diesen Schulen – die Gymnasien eingeschlossen – der solide Durchschnitt und
nicht die Elite gefördert wird. Dieses System hat gewiß seine Nach-

teile, impliziert aber auch einen Sinn für Gemütlichkeit beziehungsweise Humanität, wie sie etwa Einstein der von ihm besuchten Aargauer Kantonsschule nachrühmt. Eine demokratische Tendenz liegt auch darin, daß die Behörden im Verein mit Industrie und Gewerbe Sorge für gute Schulen der mittleren Stufe und zur Heranbildung von beruflichen Kadern tragen.

Des weiteren können sich die Schweizer fast jeder politischen Observanz in einem kleinstaatlichen Republikanismus finden. Es geht da um jenes »Vollbürgertum« – wie es Jacob Burckhardt ausgedrückt hat – in Gemeinde, im Kleinstaat des Kantons und demjenigen der Eidgenossenschaft, das die Mitarbeit von soundso vielen Bürgern postuliert; ein Milizsystem, das sich nicht nur auf militärische und politische Bereiche bezieht.

Hier liegt eine Verbindung zum Begriff der »Schweizerfreiheit«, die primär einfach Unabhängigkeit bedeutet; sei es von »Habsburg«, vom »Reich« oder von sonst irgendeiner äußeren Macht – dann aber auch die Freiheit des Bürgers und des Bauern, zu tun und zu lassen, was ihm beliebt im Rahmen der kommunalen oder kantonalen Einheit, die dazu da ist, um diese Freiheit zu garantieren: Die Freiheit des »Nein-Sagens« im »Referendum«. Es muß von hier aus eine Brücke zum Freiheitsbegriff der liberalen Revolutionen geschlagen werden, aber auch zur »Demokratie«. Wenn der Schweizer »demokratisch« sagt, so meint er gleichzeitig »freiheitlich«, ohne sich des inneren Widerspruchs bewußt zu sein.

Eine Schwierigkeit für den Schweizer lag darin, gleichzeitig politisch Schweizer und kulturell »Deutscher«, »Franzose« oder »Italiener« zu sein, nicht leicht in einem Zeitalter, welches das Nationale so sehr betonte. In der Schweiz selbst bedeutet das eine Schulung im Zusammenleben mit Anderssprachigen der gleichen Nationalität. Sie wird verlangt durch die Existenz der sehr sprachbewußten Gruppe der französischsprachigen Kantone und zwingt die deutschsprachige Mehrheit, die sich dieser Mehrheitsstellung selbst nur dunkel bewußt ist, zu dauernder Anpassung. Das kann zu einem mehr oder weniger friedlichen und manchmal ironischen Nebeneinander, aber auch zu einem bewußten und doch natürlichen Austausch werden.

# 9. Industrialisierter Kleinstaat in der modernen Welt (1914/18 bis 1991)

## 9.1 Zwischen Bürgertum und Sozialismus (1914/18 bis 1933)

Der Ausbruch des Ersten Weltkrieges fand eine militärisch verhältnismäßig gut gerüstete Schweiz vor. Das Volk war sich – Sozialdemokraten inklusive – einig im Willen, Unabhängigkeit und Neutralität zu verteidigen. Vier Jahre lang war die Armee und damit ein großer Teil des Volkes mobilisiert und leistete Grenzdienst. Die Schweiz bewachte die Lücke im Frontsystem zwischen Elsaß und Südtirol und hätte allfällige Durchbruchsversuche verhindern müssen. Dem deutschen Angriff fiel 1914 nicht die Neutralität der Schweiz, sondern diejenige Belgiens zum Opfer. Wenn auch die Mächte die Integrität des schweizerischen Raums respektierten, so begannen die Alliierten mit der Zeit im Rahmen ihres Wirtschaftskrieges die schweizerischen Industrieexporte zu überwachen; die Mittelmächte zogen nach. Das Land, das auf Zufuhren aus den kriegführenden Ländern angewiesen war, mußte sich diesbezüglich einer gewissen Bevormundung unterziehen.

Die Einigkeit, mit welcher die Schweiz 1914 mobilisiert hatte, war von sehr kurzer Dauer. Der Überfall auf Belgien führte dazu, daß die Sympathien für die Kriegführenden erstmals der Sprachgrenze entlang verliefen: Gewisse Spannungen aus der überhitzten Atmosphäre der Vorkriegszeit verschärften sich zum »Graben« zwischen »Welsch und Deutsch«. Heftige Pressepolemiken von beiden Seiten, parlamentarische Vorstöße und einzelne welsche Manifestationen gegen die Mittelmächte drohten den inneren Frieden zu erschüttern. Es war Ende 1914 kein Geringerer als Carl Spitteler, der, seinen großen Ruhm in Deutschland aufs Spiel setzend, für eine würdige, wirklich neutrale Haltung Stellung nahm. Gesamtschweizerische Organisationen, insbesondere die eben gegründete »Neue Helvetische Gesellschaft«, konnten durch offenes Gespräch zwischen den Sprachgruppen wieder die nötigen Brücken schlagen. Doch blieben bestimmte Aversionen noch lange bestehen. Erschwerend war, daß der Oberkommandierende der Armee, General Ulrich Wille – seit langem hochverdient um die Ertüchtigung der Miliz – als Militär doch stark nach dem wilhelminischen Deutschland hin orientiert war.

Kaum war jedoch der nationale Graben halbwegs wieder zugeschüttet, so ersetzte ihn eine weit schwerwiegendere soziale Spaltung. Die freisinnige Landesregierung hatte in ihrer liberalen Einstellung die wirtschaftlichen Dinge treiben lassen. Einerseits waren Kriegsgewinne ungehemmt möglich, und die Bauernschaft, die sich um die Landesversorgung abrackerte, war an sich privilegiert, andererseits führte eine ungenügende Sozialpolitik dazu, daß bei steigenden Preisen die Löhne der Arbeiter, Angestellten, Beamten und Lehrer immer ungenügender wurden. Das 1913 revidierte Fabrikgesetz war des Krieges wegen nicht in Kraft gesetzt worden. Längerer Militärdienst konnte zu Verelendung der Familie, ja zu Entlassungen führen. Dazu trat die allgemeine Erwartungsstimmung der europäischen Arbeiterschaft und das große Erlebnis der russischen Revolution. Die Sozialdemokratie ging von 1917 an bewußt in die Opposition und begann Druck auf den Bundesrat auszuüben. Schließlich trieben die Dinge so weit, daß in den letzten Kriegstagen des Novembers 1918 der Generalstreik ausgerufen wurde, dessen Ziel die Besserung der sozialen Lage und die Erweiterung von demokratischen Volksrechten war. Nur ein schwacher extremistischer Flügel dachte weiter und revolutionär. Das Bürgertum aber sah im Generalstreik den Anfang eines bolschewistischen Umsturzes. Starker Truppeneinsatz aus bäuerlichen und katholischen Kantonen brachte den Streik nach drei Tagen zur Kapitulation. Nur vereinzelt hatte die Truppe von der Waffe Gebrauch gemacht. Die gemäßigte Haltung des Bundesrates und der kantonalen Regierungen verhinderten ein Ausschlachten des Erfolges durch Bürgerwehrpolitik. Doch blieb – gleichzeitig hatte die Grippe viele Todesopfer bei den aufgebotenen Mannschaften gefordert – ein gegenseitiges bis zum Haß gesteigertes Mißtrauen übrig, das jahrelang noch schwelen sollte.

Ein politischer Erdrutsch war das Ergebnis der Nationalratswahlen von 1919, die nach dem noch kurz vor dem Generalstreik eingeführten Proportionalwahlverfahren erfolgten. Die bisher herrschende Partei des Freisinns ging von 105 auf 60 Sitze zurück. Die Hälfte der verlorenen Position gewann die neu gegründete Bauern-, Gewerbe- und Bürgerpartei, die aus sieben Kantonen gleich 29 Sitze erhielt. Die vom allzu industriell und intellektuell ausgerichteten Freisinn abgefallene Bauernpartei schien ein sichererer Garant gegen die bolschewistische Gefahr als der alte Liberalismus mit seinen inhärenten Linkstendenzen! Gleich 15 Mandate der Bauernpartei stammten aus dem Kanton Bern, dessen »Bundesratssitz« denn auch 1929 an sie übergehen sollte.

Obwohl die Katholisch-Konservativen mit 41 Nationalräten keinen Fortschritt erzielt hatten, wurden sie zum Dank für ihre vaterländische Haltung 1919 mit einem zweiten Bundesratssitz und der

Wiederaufnahme der seit 1873 unterbrochenen Beziehungen zum Heiligen Stuhl honoriert. Da der Freisinn im Ständerat allmählich unter die bisher knapp gehaltene absolute Mehrheit absank, wurden dort die Katholisch-Konservativen mit ihren »festen« 17 Kantonsvertretern zur stärksten Partei und damit zur konservativen Bremsvorrichtung für den Nationalrat.

Die Sozialisten erbten den anderen Teil der bisher freisinnigen Sitze im Nationalrat und stiegen von 22 auf 41 hinauf. Auch wenn sie ihre Abgeordnetenzahl bis 1928 auf 50 steigern konnten, so kamen sie doch nie über einen Wähleranteil von etwa 28% hinaus. Im Ständerat blockierte das geschlossene Bürgertum so gut, daß anfangs überhaupt kein Sozialist und später nur vereinzelte gewählt werden konnten. Es gelang den Sozialdemokraten allein in einigen Industriezentren wie Biel und La Chaux-de-Fonds, vorübergehend auch in Zürich, Basel und Genf, Mehrheiten zu erringen. Dabei hatten sie sich nach kurzem Schwanken 1920 gegen die Dritte Internationale entschieden. Die von ihnen sich nun abspaltende Kommunistische Partei zeitigte nur geringfügige lokale Erfolge, von einer gewissen Bedeutung in Basel, Zürich und Schaffhausen.

Die Zwischenkriegszeit ist damit vom bürgerlichen Zusammenschluß und sozialdemokratischer Opposition gekennzeichnet. Dennoch war, weil Freisinn und Katholisch-Konservative ihren linken Flügel besaßen, eine fortschrittliche Sozialpolitik möglich. Das Volk akzeptierte gleich nach dem Generalstreik Postulate der Sozialisten: Ein neues Fabrikgesetz mit der 48-Stunden-Woche (1924 wurde ein rechtsbürgerlicher Vorstoß, von 48 auf 54 zu gehen, verworfen), eine Arbeitslosenversicherung und 1925 den Verfassungsartikel über die Alters- und Hinterbliebenenversicherung, dessen gesetzliche Verwirklichung allerdings 1931 verworfen wurde. Verworfen wurde, was zu weit zu gehen schien, so 1922 eine Vermögensabgabe, die diesem Volk von Kleinsparern und Kleinbesitzern nicht einleuchten wollte. In der Sozialgesetzgebung ergaben sich in der Folge starke Unterschiede zwischen den industriell und den agrarisch bestimmten Kantonen und Gemeinden.

Daß die Mehrheit des Volkes noch liberal dachte, zeigte die Verwerfung von staatsschützlerischen Gesetzesvorlagen, sowohl 1922/23 wie noch 1934.

Inzwischen hatte die neue Weltordnung von 1919 auch die neutral gebliebene Schweiz vor eine neue Lage gestellt. Sie hatte während des Krieges und nachher ihr möglichstes getan, um als Asylland und humanitäre Insel ihren moralischen Verpflichtungen nachzukommen. Der Versailler Friedensvertrag bestätigte die alte Neutralitätserklärung von 1815, hob jedoch das obsolet gewordene und nie ausgeübte Besetzungsrecht in Hochsavoyen auf. Ein langwieriger Streit war mit Frankreich auszufechten, das die Freizonen um Genf herum einseitig neu geregelt hatte. Schließlich entschied der Haager Schiedsgerichtshof mehr oder weniger zugunsten der Schweiz.

Die Grenzverschiebung von 1919 zwischen Burgunder Pforte und Rhein (das Elsaß wird wieder französisch), nahm dem Nordjura seine fünfzigjährige verkehrspolitische Rolle weg. Nur regionale Bedeutung hatte die Verlegung der italienischen Grenze vom Stilfser Joch zur Reschenscheideck, als das Südtirol von Österreich abgetrennt wurde. Aus der Liquidation der Donaumonarchie bemühten sich 1919 die Vorarlberger mit einer Vierfünftelmehrheit um den Anschluß an die Schweiz. Die schweizerischen Behörden verhielten sich allerdings zurückhaltend, bis der Friede von St-Germain das Vorarlberg bei Österreich erhielt.

Damals aber trat das kleine, zwischen Vorarlberg und den Kantonen St. Gallen und Graubünden gelegene Fürstentum Liechtenstein in ein näheres Verhältnis zur Schweiz, nachdem es jahrhundertelang in engerer Verbindung mit Österreich gestanden hatte. Kirchlich gehörte es seit jeher zur Diözese Chur. Die Schweiz übernahm 1921/24 vertraglich, aber jederzeit kündbar, die diplomatischen Vertretungen, den Post- und Telegrafendienst sowie das Zoll- und Münzwesen.

Entscheidend für die Ausrichtung der schweizerischen Außenpolitik nach dem Ersten Weltkrieg war ihr Beitritt zum Völkerbund. Nachdem ein eigener Paktvorschlag bei den Mächten keine Gnade gefunden hatte, gelang es ihr, in Form der »differenzierten Neutralität« sich von der Verpflichtung zu militärischen Sanktionen (nicht aber zu wirtschaftlichen) entbinden zu lassen. Trotzdem stieß der Beitritt auf starke, national bestimmte, teils auch germanophile oder antibürgerliche Opposition. Dank der Geschlossenheit der nichtdeutschsprachigen Schweiz kam 1920 ein knapper positiver Volksentscheid zustande. Daß Genf Völkerbundsstadt wurde, verdankte es calvinistischen Erinnerungen des amerikanischen Präsidenten Wilson. Seither zog die Stadt viele internationale Organisationen an sich. Die Schweiz, die sich sehr aktiv im Rahmen des Völkerbundes betätigte, genoß in jenen Jahren allgemein ein internationales Wohlwollen, als Modell sowohl demokratischer Institutionen wie des Sprachfriedens.

Kaum hatte man sich von der Notlage der Nachkriegsjahre wirtschaftlich erholt, so geriet man von 1931 an in die große Wirtschaftskrise. Alle Industriezweige wurden betroffen. Den endgültigen Zusammenbruch bedeuteten diese Jahre für jene seit dem
Spätmittelalter so blühende sanktgallisch-ostschweizerische Textilindustrie, d. h. für die Stickerei. Der Massenarbeitslosigkeit stand
man machtlos gegenüber. Der liberale Staat (noch waren vier Bundesräte freisinnig!) und die liberale Wirtschaft suchten verzweifelt
nach Gegenmitteln. Es schien die Stunde der Oppositionen gekommen zu sein. Eine starke Linksopposition existierte schon, aber es
fehlte eine wirklich rechtsstehende. Dem Staat von 1848, dem immer noch aufrechtstehenden Freisinn – er hatte den Schlag von
1919 überwunden und war die stärkste bürgerliche Partei – sollte
nun endgültig der Prozeß gemacht werden. Tatsächlich kam es im
Jahre 1933 zu einem allgemeinen Aufbruch von Bewegungen, die
sich teils schon in den zwanziger Jahren vorbereitet hatten. Dies
geschah in verschiedenen Varianten von traditionalistisch-aristo-
kratisch-gewerblich, katholisch-ständestaatlich, kleinbäuerlich-so-
zialrevolutionär bis zu nationalsozialistisch-antisemitisch bestimmten Bewegungen, von denen die »Nationale Front« die auffälligste
und relativ erfolgreichste war. Indessen ging der Kampf zwischen
Bürgerblock – der in einigen Fällen mit rechtsstehenden Bewegungen paktierte – und der Sozialdemokratie weiter. 1932 war es in
Genf zu blutigem Zusammenstoß zwischen Antifaschisten und einem Truppenaufgebot gekommen. Es folgten heftigste Abstimmungskämpfe um die Totalrevision der Bundesverfassung (in anti-
liberalem und antisozialistischem Sinn), um die Verstärkung des
Staatsschutzes und um die Einführung einer planwirtschaftlichen
Gesamtordnung. Es fanden sich jedoch weder für rechts- noch für
linksgerichtete Tendenzen jeweils die nötigen Mehrheiten.
Inzwischen hatte es sich gezeigt, daß die verschiedenen Rechtsbe-
wegungen des »Frontenfrühlings« nicht über Momentanerfolge
hinauskamen. Im besonderes bewegten Zürich gelang es zum Beispiel dem »Landesring der Unabhängigen« sehr bald, die Unzufrie-
denen mit einem oppositionellen genossenschaftlich-liberalen Programm vom Frontismus abzulenken. Entscheidend war, daß die
Imitation des nationalsozialistisch-faschistischen Vorbildes durch
die »Fronten« bald auf allgemeine Ablehnung stieß. Hatte der Fa-
schismus Mussolinis bis dahin nur in der italienischen Schweiz zu
mehr oder weniger irredentistischen Regungen geführt, die sich

dort von selbst erledigten, so bedeutete das Programm Hitlers mit dem Motto »Heim ins Reich« für die ganze Schweiz eine unmittelbare nationale Bedrohung, auf die insbesondere die Deutschschweizer energisch reagierten, ganz geschlossen nach dem »Anschluß« des »deutschstämmigen« Österreich. Es ging dabei ja nicht allein um die mögliche Zerstörung der Schweiz als nationaler Einheit, sondern auch als freiheitlich-demokratischem Staatswesen an sich. Politiker und Intellektuelle aller Lager – von den patriotischen Konservativen bis zu den antitotalitären Sozialisten – fanden sich in einer »geistigen Landesverteidigung«, die auch Rückgriff auf die alte Eidgenossenschaft als bündische Demokratie bedeutete. »Schweizerart« stand gegen deutschen »Blut und Boden«. Wie nie zuvor wurde der viersprachige Charakter des Landes betont und als eigentliche Demonstration 1938 das von italienischer Irredenta bedrohte Rätoromanische zur vierten Landessprache erklärt.

Die Schweiz wurde zum Zuflucht- und Durchgangsland für einen Teil der deutschen Emigration. Es waren die Jahre, wo die Flüchtlinge das Schauspielhaus Zürich zur einzigen freien Bühne deutscher Sprache machten.

Infolge der unmittelbaren Bedrohung durch den Nationalsozialismus verlor für das Bürgertum das Gespenst des Bolschewismus allmählich seine Wirkung, und für die Sozialdemokraten wurde der Kampf gegen den Nationalsozialismus wichtiger als derjenige gegen den Schweizerischen Kapitalismus. Die Sozialdemokratie entschied sich 1934/35 zur grundsätzlichen Mitarbeit in diesem vom Bürgertum geprägten Staate, distanzierte sich von den Kommunisten, mit denen man bis dahin sich oft in Wahlkoalitionen gefunden hatte, und bekannte sich zur Landesverteidigung, allerdings ohne die grundsätzliche Opposition gegen die kapitalistische Wirtschaftsordnung und den Kampf für eine staatlich gelenkte Sozialpolitik aufzugeben. Ganz entscheidend war, daß 1937 zwischen den Organisationen der Arbeitnehmer und Arbeitgeber, d. h. zwischen den erbitterten Feinden von 1918, im wichtigsten Industriezweig, in der Metall- und Uhrenindustrie, ein Friedensabkommen geschlossen wurde, bei welchem beide Parteien auf einseitige Maßnahmen verzichteten und das Schiedsverfahren zum Obligatorium erklärten. Das Abkommen wurde auch für andere Industriezweige zum Modell, denn die eingefleischten Wirtschaftsliberalen fanden sich ihrerseits bereit, durch Arbeitsverträge gewisse Sozialkontrollen in ihr System einzubauen. Die wirtschaftliche Lage besserte sich von 1935 an, nachdem man die Produktion in zukunftsträchtiger Weise verändert hatte. Eine Abwertung des Frankens führte zu einer Anpassung an die sich bessernde gesamteuropäische Lage.

Zwischen den zwei nationalsozialistisch-faschistischen Mächten und den Völkerbundstaaten befand sich die Landesregierung in einer schwierigen Lage. 1935 war man vor die unangenehme Pflicht gestellt worden, bei den wirtschaftlichen Völkerbundssanktionen gegen den Nachbarstaat Italien mitmachen zu müssen, was man ebenso lässig tat wie die anderen Mitgliedsstaaten. Darum kehrte die Schweiz 1938 unter Genehmigung des Völkerbundes zur »integralen Neutralität« zurück. In Vorahnung des kommenden Krieges traf der Bundesrat noch weitere umfassende Vorbereitungen sowohl in militärischer (Bundesrat Minger) wie in kriegswirtschaftlicher (Bundesrat Obrecht) Hinsicht.

Gleich nach dem Überfall auf Polen wurde die Armee am 1. September 1939 mobilisiert, eine Totalmobilmachung, die das ganze Volk in irgendeiner Form während der ganzen Kriegsdauer erfaßte. Der Fall Frankreichs und der Kriegseintritt Italiens brachte die totale Isolation und damit die Frage, wie weit man sich der neuen Lage anpassen solle und könne, wie weit eine Haltung des Widerstandes überhaupt noch möglich sei. So geeinigt alle Volkskreise in der Ablehnung der nationalsozialistisch-faschistischen Weltordnung waren, so schien es doch fast unmöglich, allein inmitten des besetzten Europa unabhängig und andersartig weiterexistieren zu können. In das Schwanken des Sommers 1940 fiel der wichtige Entschluß des Oberkommandierenden, General Henri Guisan, die Armee ins teils schon befestigte »Reduit« der Alpen zu konzentrieren. Die an sich skizzierten Angriffspläne gegen die Schweiz wurden aus verschiedenen Gründen nicht ausgeführt: Einmal weil 1940 der Durchstoß im Norden gelungen war, dann weil der deutsche Generalstab den Sinn dieser Aktion nicht einsah, weil die deutsche Armee stets an anderen Fronten engagiert war, weil man mit schweizerischem Widerstand rechnete, der mehr Truppen als gut benötigt hätte, und schließlich, weil eine intakte Schweiz mit ihren zwei Alpentunnels für die Wirtschaft der Achse von Nutzen war.

In zähen Wirtschaftsverhandlungen sicherte sich die Schweiz ihre lebensnotwendigen Zufuhren. Ein umfassender Mehranbauplan und eine Umstellung in der landwirtschaftlichen Produktion erhöhten die Möglichkeit eigener Versorgung. Die Flüchtlingspolitik wurde restriktiv gehandhabt, aus Angst vor Repressalien des Hitlerregimes sowie aus national-egoistischer Zurückhaltung heraus. Proteste und restloser Einsatz von verschiedenen Seiten sorgten dafür, daß die Schweiz auch unter diesen erschwerten Umständen ihrer Asylrechtstradition – eine Freistatt für politisch Verfolgte zu sein – nicht ganz untreu wurde. Die Flüchtlinge, die bleiben konnten, entgingen so ihrem sicheren Untergang. Die schweizerische

Presse kämpfte einen zähen doppelten Kampf gegen die feindliche Propaganda und die eigenen behördlichen Zensurmaßnahmen.

Der Bundesrat regierte mit Vollmachten, doch in engem Kontakt mit einem Vollmachtenausschuß der Bundesversammlung. Man übernahm in aller Welt diplomatische Vertretungen für die Kriegführenden beider Parteien. Der Möglichkeit, daß sich die wenigen noch achsenfreundlichen rechtsextremen Kreise in der Schweiz organisieren konnten, begegnete man durch das Verbot extremistischer Parteien, d. h. sowohl der nationalsozialistischen wie der kommunistischen. Den starken Auslandsorganisationen der deutschen Nationalsozialisten konnte man allerdings nicht beikommen. Der Bundesrat stand unter ständigem Druck der Achsenmächte.

Den Vormarsch der Alliierten empfand man als Erlösung. Doch war es hinwiederum nicht leicht, den USA Verständnis für die Lage der Schweiz abzugewinnen. – Es erschien wie ein Wunder, daß dieses kleine Land den Krieg unversehrt hatte überstehen können, mit Schweden das einzig neutrale Land Europas.


*9.3 Wirtschaftliche Hochkonjunktur und sozialer Ausgleich*


Nach dem Ende des Zweiten Weltkrieges erwartete man einen Rückfall in die Krisenzeit der zwanziger und dreißiger Jahre und hatte sich für diesen Fall vorbereitet. Eine unerwartete Konjunktur aber, die auch anhielt, als andere Staaten sich vom Krieg erholt hatten, führte jedoch die Schweiz auf einen der ersten Plätze unter den prosperierenden Nationen, an die Spitze Europas zwischen Schweden und Deutschland. Da die Gewerkschaften und die Arbeitgeberorganisationen sich in allen Branchen an die Friedensabkommen hielten, ließen sich die sozialen Konflikte weiterhin auf dem Schiedswege lösen und Streiks sind selten geblieben.

An dieser wirtschaftlichen Entwicklung nahmen alle Industriezweige teil; ganz besonders stark vergrößerte sich die Chemie (Basel) und die Nahrungsmittelindustrie (Nestlé). Außerdem steigerten sich die für die Schweiz besonders typische Herstellung verfeinerter Spezialmaschinen. Mittlerweile zeigte sich auch in der Schweiz die Konzentration auf Großfirmen, die allerdings oft internationale Bindungen eingegangen sind. Vorderhand können sich viele mittlere und kleinere Betriebe sehr gut halten. Ganz großen Aufschwung nahm das Bankwesen – die »Gnomen von Zürich« (und anderswo) – infolge enger Verflechtung der schweizerischen Volkswirtschaft mit dem Ausland und dem internationalen Vertrauen in die stabilen politischen und wirtschaftlichen Verhältnisse der Schweiz.

Ein dichtes Netz von Autobahnen und die überall aufragenden Hochhäuser wurden zum Stolz des Landes, der Firmen und der Gemeinden. Der Tourismus erschließt – nun besonders auch im bisher toten alpinen Winter – hinterste Bergtäler, sofern sie nicht durch die Elektrizitätsindustrie in Stauseen verwandelt worden sind. Das einst romantische Bauernland ist von dichtbesiedelten Fabrikstädten durchsetzt, die den verfügbaren Boden sukzessive aufzufressen beginnen.

Einer ungehemmten Bodenspekulation sind nur sehr wenige Grenzen gesetzt. Das industrialisierte Mittelland zwischen Winterthur und Olten wird allgemein zur Bandstadt. Zürich ist zu einer großen Agglomeration von einer halben Million aufgestiegen, wodurch ein traditionelles Gleichgewicht bedroht ist. Doch bleiben ganze Landstriche noch agrarisch, auch wenn sich die einst so industriefeindlichen konservativ-katholischen Kantone, insbesondere Freiburg und Wallis, anzupassen begannen. Infolge Abwanderung und Rationalisierung der Betriebe hat sich die Bauernschaft von 1940 bis 1985 von über 20% der Bevölkerung auf 5% reduziert, wobei im flacheren Land die Betriebe größer und ertragreicher werden, während die Gebirgsgegenden immer mehr benachteiligt sind.

An sich handelt es sich bei der Schweiz um ein sehr dicht bevölkertes Land. Innerhalb der letzten hundert Jahre ist die Einwohnerzahl von $2^{1}/_{2}$ auf $6^{1}/_{3}$ Millionen gestiegen. Dennoch führte die Nachfrage nach schweizerischen Industrieprodukten von den sechziger Jahren an zum Griff auf ausländische Arbeitskräfte, erst aus Italien, dann aus Spanien, Portugal und neuerlich auch aus der Türkei und Jugoslawien, die oft nach Jahren als relativ wohlhabende Leute in ihre Heimat zurückkehren. Außerdem gehen viel »Grenzgänger« aus der unmittelbaren Nachbarschaft zur Arbeit in die Schweiz.

Schon einmal – in den Jahrzehnten vor dem Ersten Weltkrieg – war der Ausländeranteil hoch gewesen. Er betrug damals – wie heute – ein Sechstel der Wohnbevölkerung. Nur ein kleiner Teil ist – wie heute – durch die relativ kostspielige Einbürgerung integriert worden. Die Zahl der Fremden sank jedoch mit dem Jahr 1914 rapid und blieb klein, bis ab 1955 die Industrie nicht mehr genug schweizerische Arbeitskräfte fand und ihre Produktion nur in geringem Maße ins Ausland verlegen wollte oder konnte. Das Gastarbeiterkontingent stellt eben auch eine Manipuliermasse in Rezessionszeiten dar.

Die Schweiz vermied es, den sozialen Wohlfahrtsstaat nach französischen, englischen oder schwedischen Mustern einzuführen. Sie fing das soziale Problem durch entsprechende Lohnpolitik und Teuerungsausgleich auf. Zu diesem Ausgleich trug gleich nach dem Zweiten Weltkrieg die Einrichtung der Alters-, Hinterbliebenen- und Invalidenversicherung bei. Prekärer wurde allerdings der Besitz an eigenem Boden. Aber seit den fünfziger Jahren kann sich eine Großzahl das leisten, was früher einer höheren Einkommensschicht vorbehalten war.

Ein weiteres Problem des sozialen Ausgleichs wurde von den sechziger Jahren an in Angriff genommen, die Demokratisierung des höheren Schulwesens. Motiv dazu war auch der Mangel an Kadern und Führungskräften in der Industrie. Gymnasien und höhere technische Schulen befanden sich fast nur in den größeren städtischen Zentren, womit deren Bevölkerung bevorzugt war. Nun schuf man in allen Regionen neue Schulen und vergrößerte die bestehenden. Bald verfügte die Schweiz über mehr Absolventen höherer Schulen aus allen sozialen Schichten und darunter auch immer mehr Mädchen. Diese Politik war getragen von den Kantonen, denen von alters her die Aufgabe der Erziehung obliegt. Dabei wurden sie auch vom Bund unterstützt, der seinerseits die schon längst bestehende polytechnische Schule der Universität Lausanne zur zweiten eidgenössischen technischen Hochschule (neben derjenigen in Zürich) ausbaute.

Überhaupt wurde der Bund vermehrt für finanzielle Leistungen, für »Subventionen« herangezogen. Aber erst 1958 konnte die direkte Bundessteuer, die seit 1915 als Kriegssteuer, später Krisensteuer und noch später Wehrsteuer erhoben wurde – in die Verfassung eingebaut werden. Gleich nach dem Krieg passierten die »Wirtschaftsartikel« die Volksabstimmung. Bei grundsätzlicher Wahrung der Handels- und Gewerbefreiheit konnte so der schon längst praktizierte Staatsinterventionismus in die Verfassung eingebaut werden. Eine erste Frucht war das protektionistische Landwirtschaftsgesetz von 1952, das durch Bundeshilfe die Erhaltung einer schweizerischen Agrarproduktion garantiert: Dank für die während des Krieges erbrachte große Leistung der schweizerischen Bauernschaft.

Allgemein ist festzustellen, daß sich freie Marktwirtschaft mit einer von starken Gewerkschaften vorgetragenen Sozialpolitik verband.

Nach dem Ende des Zweiten Weltkrieges galt es vorerst, den schwergeprüften Nachbarn humanitäre Hilfe in Form der »Schweizerspende« zu leisten. Die Konsolidierung der Verhältnisse brachte die Wiederherstellung der Grenzen von 1918: Das Elsaß wurde wieder französisch, Österreich erneut zum Nachbarn im Osten. Die Beziehungen zu den USA konnte man nach schwierigen Verhandlungen durch Handelsverträge regeln. Die seit der russischen Revolution abgebrochenen Beziehungen zur Sowjetunion konnten 1946 wiederaufgenommen werden, nachdem ein erster Versuch 19454 brüsk abgelehnt worden war. Der Organisation der »Vereinten Nationen« trat man nicht bei. Die Neutralität hatte sich so gut bewährt, daß ein Sonderdasein möglich erschien. Doch betätigt man sich seither intensiv in allen nichtpolitischen Bereichen der UNO. Genf konnte als Sitz der europäischen Organisationen der UNO seiner Völkerbundstradition weiterhin treu bleiben. Die Politik der »guten Dienste« fand ihre Fortsetzung, z. B. in der Korea-Waffenstillstandskommission und in diskreter Vermittlung im Algerienkonflikt.

Den europäischen Integrationsbestrebungen gegenüber verhielt sich die Schweiz aus bestimmten kleinstaatlichen Erwägungen heraus reserviert. Als schließlich die Europäische Wirtschaftsgemeinschaft 1958 Realität wurde, versuchte man, die übrigen europäischen Staaten in der Freihandelszone zu sammeln. So konnte man spezifisch schweizerische Strukturen bewahren, die durch die Föderalistische Staaatsform und wirtschaftliche Eigenheiten, vor allem im Agrarsektor, gegeben waren. Bei aller Neutralität machte man aus den außenpolitischen Sympathien allerdings kein Hehl; während des Ungarnaufstandes von 1956 und der tschechoslowakischen Krise von 1968 wurde möglichst großzügig Asyl gewährt. Totalitäre Bestrebungen – wo auch immer – pflegten stets lebhafte Reaktionen hervorzurufen, wenn auch je nach politischer Einstellung mit verschiedener Stärke. Als Binnenland hatte die Schweiz eine gewisse Mühe, an der Dritten Welt interessiert zu werden, so sehr sie auch seit langem in ihren Handelsbeziehungen internationalisiert war. Privater Initiative in der Entwicklungsarbeit folgte schließlich auch der Staat.

Obwohl immer mehr Aufgaben dem Bund als Gesamtstaat zufielen, blieb das föderalistische Bewußtsein stark. Dies zeigte sich besonders in den zwei Fragen von Wiedervereinigung bzw. Trennung kantonaler Einheiten. Die seit den dreißiger Jahren angestrebte Wiedervereinigung der beiden 1833 getrennten Halbkantone Basel-

Stadt und -Land scheiterte 1969 am negativen Volksentscheid der Baselbieter, obschon der einst ländliche Halbkanton weitgehend wirtschaftlich in die Stadt integriert ist.

Im Kanton Bern erhielt die zum letzten Mal im Ersten Weltkrieg auftauchende Frage der Separation des französisch sprechenden Jura (des ehemaligen Bistums Basel) vom deutsch sprechenden alten Kanton von 1947 an ganz neuen Antrieb. Während in den durchwegs katholischen nördlichen Bezirken die separatistische Bewegung mehrheitlich war, wurden die seit langem industrialisierten altreformierten und im 19. Jahrhundert von deutschbernischen Einwanderern durchsetzten südlichen Bezirke weniger stark von der Bewegung erfaßt. Es ging im Jura um konfessionelle, sprachliche, parteipolitische und ökonomische Gegensätze (und Gemeinsamkeiten) zum durchaus reformierten und agrarisch bestimmten alten Kantonsteil; d. h. um ungelöste Spannungen, die weit zurückreichen. 1974/75 erfolgte nach zeitweise sehr heftigen Auseinandersetzungen durch kantonale, regionale und schließlich eidgenössische Volksabstimmungen die Trennung. Der Norden wurde 1978 zum 23. Kanton erhoben. Der Süden blieb beim Kanton Bern. Das deutschsprachige Laufental blieb vorerst auch bei Bern, aber kam schließlich 1991 an den Kanton Baselland. Es hatte sich gezeigt, daß es möglich war, die an sich seit 1833 unverändert gebliebene Ordnung und Grenze der Kantone neuen Bedürfnissen anzupassen, wenn dies die Mehrheit der Bevölkerung wollte.

In einem Land, welches sich von alters her demokratisch gab, war es andererseits sehr schwierig, das Problem der Gleichberechtigung der Frau einer zeitgemäßen Lösung entgegen zu führen. Zwar lassen sich erste Diskussionen bis in die dreißiger Jahre des 19. Jahrhunderts zurückdatieren und die Emanzipationsbestrebungen fanden ihren Reflex auch in der republikanischen Schweiz. Da sich aber gegen die Jahrhundertwende der politische Durchbruch als hoffnungslos erwies, verlegten sich die nunmehr organisierten Frauenverbände auf das Gebiet des Hauswirtschaftswesens und schufen sich da eine eigene Domäne. Als nach dem Ersten Weltkrieg das Frauenstimmrecht in europäischen Ländern Erfolge erzielte, versuchte man wieder auf den politischen Boden zu wechseln, doch scheiterten damals kantonal und auf Bundesebene verschiedene Vorstöße und das mangelnde Frauenstimmrecht in der ältesten Demokratie wurde allgemach zum Gespött der ganzen Welt. Die Schweiz hegte eine archaische Vorstellung von der Rolle der Frau. Tatsächlich lebte die Frau hier seit jeher entweder im bäuerlichen oder städtischen Bereich als kompetente Verwalterin des Hauses. Ein höfisch-emanzipatorisches Vorbild fehlte. Man hatte

Mühe zu realisieren, daß neben den bäuerlich-gewerblichen Typus ein neuer getreten war, die Lohnarbeiterin schon längst, und allmählich auch Frauen mit mehr als nur einer Mädchenschulbildung. Bei aller Eleganz und Bildung ist jedoch der Schweizer Frau ein spezifischer Stolz auf ihre haushälterischen Fähigkeiten eigen geblieben. Noch 1959 ging die Volksabstimmung negativ aus, doch wurde am gleichen Tag das Frauenstimmrecht im Kanton Waadt eingeführt, dem sofort Neuenburg und Genf und etwas später Basel-Stadt folgten. Erst 1971 kam die Volksmehrheit auf Bundesebene zustande, wobei noch sechseinhalb Kantone ablehnten. Seither ist das Frauenstimmrecht nicht nur in Bundessachen, sondern auch in allen Kantonen eingeführt, auch in den Landsgemeindekantonen, zuletzt 1990 im Halbkanton Appenzell-Innerrhoden. Mit dem Stimmrecht allein ist es allerdings nicht getan.

Die Gleichberechtigung beider Geschlechter setzt sich jedoch allmählich auf allen Gebieten durch. Seit 1984 ist eine Frau Mitglied des Bundesrates.

So bewegt gewisse Abstimmungskämpfe waren, die politischen Verhältnisse blieben weiterhin recht stabil. 1959 wurde die Sozialdemokratie endgültig in das System der Konsensdemokratie eingebaut, als man ihr zwei von den sieben Bundesratssitzen einräumte. (Man hatte ihr schon 1943 bis 1953 einen konzediert.) Seither entspricht die Zusammensetzung des Bundesrates der Stärke der vier großen Parteien: Je zwei Bundesräte entstammen der freisinnig-demokratischen, der katholisch-konservativen (neuerdings christlich-demokratischen Volkspartei) und der sozialdemokratischen Partei. Hinter ihnen stehen je ein Fünftel der Wählerschaft. Der siebte Bundesrat wird von der Schweizerischen Volkspartei gestellt, der einstigen Bauern-, Gewerbe- und Bürgerpartei, die in verschiedenen traditionell reformierten Kantonen vertreten ist und etwas über ein Zehntel der Wähler hinter sich scharen kann.

In das restliche Viertel oder Fünftel teilen sich kleinere Parteien, die nur in einzelnen Kantonen vertreten sind. Die altkonservativen Liberalen konnten sich in den reformierten Kantonen Basel-Stadt, Waadt, Neuenburg und Genf halten. Eine neuere Partei ist der besonders stark in Zürich vertretene Landesring der Unabhängigen, seinerzeit durch Gottlieb Duttweiler, dem Gründer des erfolgreichen Unternehmens des Konsumbedarfs, der Migros-Genossenschaft, ins Vorkriegsparteiwesen als Oppositionsgruppe hineingestellt, links von der Mitte. Nach dem Krieg organisierten sich die Kommunisten neu und erzielten als Partei der Arbeit Anfangserfolge, besonders in der Waadt und in Genf, um dann immer mehr zurückzufallen. Die Linksopposition wurde im Lauf der achtziger Jahre allmählich von verschiedenen »grünen« Gruppierungen ökologischer Orientierung übernommen.

Angst vor Überfremdung durch Gastarbeiter und später zusätzlich durch Flüchtlinge führte von 1967 an zu verschiedenen Parteibildungen, z. B. der »Nationalen Aktion gegen Überfremdung von Volk und Heimat«, mit wechselnden Erfolgen, um schließlich in der »Autopartei« eine antigrüne Ergänzung zu finden. Damit existiert eine ausgesprochen rechtsstehende, nationalistisch-populistische Opposition – auch im Nationalrat.

Die großen und mehr oder weniger alten Parteien können sich überall schlecht und recht halten. Auch wenn sie in den Kantonen und im Bund, als Konsensregierungen auf Exekutivebene mit den Sozialdemokraten zusammenarbeiten, so schließen sich Freisinnige, Christlich-demokratische und Schweizerische Volkspartei in der Regel zum bürgerlichen Block zusammen. Sie dominieren eindeutig im Ständerat dank der starken christlich-demokratischen Vertretung aus den kleinen Kantonen und können die sozialdemokratische Gruppe klein halten. Der Nationalrat gibt dank seinem proportionalen Wahlprinzip ein richtigeres Bild der schweizerischen Parteistärken. Hinter den bürgerlichen Parteien – zu denen sich auch die Liberalen zählen – stehen die Wirtschaftsverbände der Industrie, des Gewerbes und der Bauern. Aber die Freisinnigen sind heute weniger liberal, die Christlich-Demokraten weniger katholisch und die Volkspartei weniger bäuerlich als einst. Hinter den Sozialdemokraten stehen nach wie vor die Gewerkschaften und die Angestelltenverbände. Die Sozialisten gehen in letzter Zeit gerne mit den „Grünen" zusammen, nicht sehr zum Gefallen ihres konformeren Flügels.

Die kleineren Gruppierungen machen sich oft in Bürgerinitiativen Luft, aber auch sie können nicht verhindern, daß meist weniger als die Hälfte des Stimmvolkes an die Urnen geht. Der Bundesrat und hinter ihm seine Verwaltung leistet eine Regierungsarbeit, die dauernd durch Referendum und Initiative gehemmt werden kann, und die es allen recht machen sollte.

## 9.5 Probleme der Gegenwart

Die Verteidigungshaltung während des Zweiten Weltkrieges verstärkte die Überzeugung, daß sich dieses Land in Europa als »Sonderfall Schweiz« gegenläufig verhalten müsse. Die Zeiten der Hochkonjunktur, da man so euphorisch einer noch besseren Zukunft entgegensah, bestätigte dies, doch mitten im Wohlbefinden zeigte sich von den sechziger Jahren an ein gewisses Mißbehagen. Die kritische Welle begann zuerst die schreibende und denkende Welt aufzuwühlen; und von 1968 an machte sich auch hier an den Hochschulen eine emanzipierte Jugend auf, das zu verwerfen, an was die Väter geglaubt hatten: ihr allzu optimistisches Vertrauen in technokratische Möglichkeiten oder ihr allzu langes Verharren in der isolierenden Haltung der »geistigen Landesverteidigung«. Dieses Mißbehagen trugen die Werke einzelner Schriftsteller weit über die Landesgrenzen hinaus.

Als zweite Veränderung trat dazu die tiefgehende Bewegung, die mit dem zweiten vatikanischen Konzil in der katholischen Schweiz zum Durchbruch kam. Sie war bisher offiziell ein Rückhalt konservativen Beharrens gewesen, romtreu und verkrampft defensiv. Der Katholizismus wurde nun frei für soziales und offenes Denken, das die freisinnige Schweiz einholte und überholte. Aber gleichzeitig ist das Wallis Sitz der internationalen integristischen katholischen Bewegung geworden.

Als drittes kam dazu die ökologische Bewegung, eine wachsende Opposition gegen die »Verbetonierung« der Landschaft, gegen den Bau von Atomwerken, was bis zur Konfrontation von Demonstrierenden und Polizei eskalieren konnte. Die Zürcher Jugendkrawalle von 1980, die auch durch andere Städte gingen, waren der ohnmächtige Protest gegen überkommene Wertvorstellungen und haben schon bestehende Fronten quer durch alle Bevölkerungsklassen verhärtet.

Doch befand sich die Mehrheit dieses Volkes im allgemeinen wohl in einer für die meisten wirtschaftlich komfortablen Situation und nahm nur widerwillig von allerhand Kritik Kenntnis. Gegen Ende der achtziger Jahre erlebte jedoch die Schweiz ein paar »Affären«, die aufhorchen ließen. Eine ungenierte Presse- und Medienwelt brachte überhaupt vieles an den Tag, das viele lieber im Halbdunkel gelassen hätten. Die Hochkonjunktur hatte nicht nur die Industrie hoch entwickelt, sondern auch das Bankwesen, das effizient und zuverlässig arbeitend allzuwenig Kenntnis nahm von Fluchtgeldern, die in dieses so sichere Land zu fließen begannen. Insbesonders ging es um nationalsozialistisches Geld, das während des Zweiten Weltkrieges in die Schweiz gebracht worden war. Die indirekte Verbindung mit der Wirtschaft führte auch dazu, daß die erste Frau, die 1984 in den Bundesrat gewählt wurde, schon nach fünf Jahren unter dem Druck der Öffentlichkeit zurücktreten mußte. Deren Nachfolgerin ist altschweizerisch-jüdischer Abstammung. Diese Wahl bedeutete eine neuartige Offenheit schweizerischer Politik.

1990 wurde außerdem die Tatsache offenbar, daß im Rahmen des »Kalten Krieges« die Bundesanwaltschaft eine Datenerfassung aller verdächtigen Bürger vorgenommen hatte – zum Glück sehr unprofessionell. Das bedeutete die Verletzung der verfassungsmäßig garantierten Meinungsfreiheit des Schweizer Bürgers. Man hatte nicht realisiert, daß Datenerhebungen nur in Notzeiten sinnvoll waren. »Staatsschutz« war in der Schweiz immer ein umstrittenes Thema. Noch mehr erstaunte und bestürzte Ende des gleichen Jahres die Aufdeckung der Existenz einer geheimen Armeeorganisation, die im Ernstfall den inneren Widerstand hätte führen sollen. Mit der Aufdeckung der »Affären« begannen Parlament und Bundesrat aufzuräumen, um das erschütterte Vertrauen wieder herzustellen.

Schon vorher, Ende 1989, hatte sich eine gewisse Opposition in der Abstimmung über die Volksinitiative zur Abschaffung der Armee Luft gemacht, die wider Erwarten etwa ein Drittel der Abstimmenden hinter sich brachte. Es war ein Protest gegen die allzu tabuisierte Stellung dieser Milizarmee. Auch hier soll durch entsprechende Reformen Remedur geschaffen werden.

Während die einen solche Affären als katastrophale Verirrung des Demokratieverständnisses empfinden, wollen die anderen sie als momentane Kurzsichtigkeiten verharmlosen.

All dies zeigte, daß die Schweiz nicht isoliert in der Welt steht, daß die allgemeinen Bewegungen nicht vor ihr Halt machen. Man war der Meinung gewesen, die Schweiz sei ein »Sonderfall« in Europa. Darum wurde auch der Beitritt zur UNO 1986 massiv abgelehnt. Aber kaum war diese Abstimmung vorbei, da meldete sich der europäische Wirtschaftsraum. Es wird allmählich klar, daß die Schweiz ihre Außenpolitik, ihre Stellung in Europa neu überdenken muß. Sie macht bei allen »nicht politischen« Neuerungen in der Regel mit.

Gespalten aber ist die Schweiz in »politischen« Fragen: so zum Beispiel im Flüchtlingsproblem. Die Schweiz ist traditionell ein Land, wo politisch Verfolgte Asyl bekommen sollten. Angst vor Überflutung durch Asylsuchende führte aber zu einer repressiven Handhabung des Asylrechts. Doch stellten sich viele dagegen, ja kirchliche Kreise griffen auf das längst vergessene »Kirchenasyl« zurück. Auch in dieser Frage ist die Schweiz gespalten.

Gespalten ist sie auch im Verhältnis zur Umweltgefährdung. Erfolg hatte die Opposition gegen den Bau eines Atomkraftwerks in Kaiseraugst, mitten im schon schwer umweltbelasteten Raum Basel. Dazu tritt die Frage einer weiteren Alpentransversale. Ökologisches Bewußtsein steht hier gegen Fortschrittsglaube, wie überall in Europa und der Welt.

Während des Jahres 1991 begeht die schweizerische Eidgenossenschaft ihr siebenhundertjähriges Bestehen, denn die offizielle Schweiz betrachtet seit etwa hundert Jahren den sogenannten »ersten Bundesbrief«, den am 1. August 1291 die drei Länder Uri, Schwyz und Unterwalden abgeschlossen hatten, als Gründungsdatum. Als »Nation« kann die Schweiz jedoch erst seit der Mitte des 15. Jahrhunderts angesprochen werden.

So sehr die Geschichte der Schweiz als folgerichtige Entwicklung erscheint, so sehr ist andererseits starke Polarisierung in ihr angelegt. Die Geschichte dieses Landes beginnt zwar mit der gemeinsamen Solidarität von Stadt- und Landrepublik, aber gerade Stadt und Land geraten immer wieder in sozialen und politischen Konflikt. Die nachfolgenden zwei Jahrhunderte sind vom konfessionellen Gegensatz charakterisiert, doch gleichzeitig bestreben sich Obrigkeit und Geistlichkeit beider Gruppen um die Christlichkeit der ihnen anvertrauten Bürger und Untertanen. Bürger und Untertanen aber leben sich auseinander, denn das republikanische Freiheitsideal entspricht nicht mehr der politischen und sozialen Realität. Auf diese vorrevolutionäre Spannung folgt jene Zerreißprobe einer konservativ-patriarchalischen und einer liberal- radikalen Schweiz, die sich – kaum ist die Lösung von 1848 gefunden – in den Klassenkämpfen fortsetzt, die schließlich im Landesstreik von 1918 gipfeln. Diese Kampfsituation ist noch zusätzlich begleitet von den europäisch-nationalstaatlichen Imperialismen, die ihre Reflexe in den Konfrontationen der verschiedenen Sprachgruppen finden.

Eine gewisse pragmatische Vernunft und ein gütiges Schicksal verhindern jeweils das Auseinanderbrechen des Ganzen, über welchem ein Nationalmythos – basierend auf der Gründungslegende von Rütli und Tell, sowie den Bewährungsproben der Kämpfe der Heldenzeit steht: Föderations-, Freiheits- und Widerstandsideologie, samt republikanisch »aristodemokratischen« Staatsvorstellungen. Dieser alteidgenössische Mythos erlebt bekanntlich seine intensive Erneuerung im Zeitalter der Aufklärung, wo er auf den Idealtypus des schweizerischen Älplers festgelegt wird. Und der Hirten- und Alpenmythos entwickelt sich im 19. Jahrhundert zum demokratischen Bürgermythos, in welchen aber der Arbeiter nur teils integriert werden kann. Es geschieht das Merkwürdige, daß in einem Land, das immer mehr verstädtert und wo die Arbeiterschaft weit stärker geworden ist als das Bauerntum, eine agrarische Nostalgie in Form alpiner Folklore ungebrochen weiterlebt und liebevoll-sentimentale Pflege erfährt. Es war dieser bürgerlich-bäuerliche Mythos, der ein neues schweizerisches Selbstbewußtsein schuf, das durch die tödliche nationalsozialistische Bedrohung hindurchhalf. Als aber diese Bedrohung aufhörte, da wurde der innere Widerspruch immer deutlicher.

Und dennoch bleibt der Schweizer jener Welt von gestern verhaftet, mag er noch so international denken und handeln, wenn es um Technik und Handel geht: Immer noch pflegen Darbietungen von Jodlern und Alphornbläser schweizerische Industrieausstellungen in irgend einer Metropole der weiten Welt zu begleiten ... Zuhause wohnt der Schweizer zwar mehrteils in vorstadtartigen Agglomerationen, seine Seele aber empfindet immer noch ländlich, ja alpin, und viele können ein Häuschen fernab von der Stadt ihr eigen nennen, und er denkt politisch primär kommunal, regional und kantonal.

Diesen Zwiespalt aber will man oft nicht recht erkennen, obwohl sich die Geschichte auch dieses Landes aus einer Abfolge von Spannungen, von derer Lösung und von erneuten Spannungen zusammensetzt; Spannungen zwischen Bodenständigkeit, Traditionsbewußtsein und kommerziell-wirtschaftlich, aber auch humanitär-sozial bestimmter Weltoffenheit.

Es zeichnen sich immer mehr »zwei Eidgenossenschaften« ab: Eine, die europäisch und weltoffen sein will, und eine, die immer noch die Schweiz als ein Land betrachtet, dessen Eigenarten unbedingt zu wahren sind.

# Zur Lage der Forschung

Die schweizergeschichtliche Forschung hat eine lange Tradition hinter sich, beginnend mit der Chronistik des 15. Jahrhunderts. Diese trug in der Regel den Charakter einer historischen Rechtfertigung des neuen Staatswesens. Insbesondere versuchten die Humanisten (vor allem Josias Simler), dem Ausland das sonderbare System von Republiken mundgerecht zu machen. Mit dem 18. Jahrhundert setzte wie in anderen »aufgeklärten« Ländern die kritische Schule ein. Wenn auch die Gründungslegende von einzelnen Historikern in Frage gestellt wurde (Gottlieb Emanuel von Haller, Eutych Kopp), so diente die Nationalgeschichtsschreibung (Johannes von Müller, Charles Monnard) doch nach wie vor und stärker denn je der Festigung des nationalen bzw. überkantonalen Zusammenhangs, entsprechend den politischen Tendenzen der Epoche. Das 19. Jahrhundert entwickelte sich – entscheidend von der deutschen Historikerschule beeinflußt – zur großen Zeit einer umfassenden, mehr oder weniger positivistischen Geschichtsschreibung. Das Schwergewicht lag dabei bis weit ins 20. Jahrhundert hinein auf der »heroischen Epoche« und der Gründungszeit, wobei letztere bis heute ein beliebtes Tummelfeld verschiedenster Theorien und Hypothesen geblieben ist (Karl Meyer). Intensivere Pflege fand auch die Reformationsgeschichte als ein Gegenstand von übernationaler Bedeutung. Schlechter stand es um die zweieinhalb Jahrhunderte des sog. »politischen Zerfalls«, um Gegenreformation und Ancien Régime. Die »Staatskrise« von 1798 bis 1848 fand als Zeitalter des siegreichen Liberalismus und der ersten allgemeinen Demokratisierung weit mehr Anklang. Aber man vernachlässigte die Erforschung der Geschichte des Bundesstaates (1848 ff.), weil für die liberalen Historiker (Wilhelm Oechsli, Johannes Dierauer) das Ziel mit 1848 ja erreicht war und die konservativen Historiker sich lieber in dem Versuch ergingen, das Ancien Régime zu rehabilitieren (Gonzague de Reynold, Richard Feller). Die lange Zeit im Rückstand gebliebene Geschichte der katholischen Schweiz wird heute aufgeholt.

Die der Schweiz eigene Prioritätssetzung der (Innen-)Politik ließ kultur- und geistesgeschichtliche Forschung nur am Rand gedeihen. Um so mehr lag der Akzent auf Institutions- und Rechtsgeschichte, da die Schweiz ein treffliches Beispiel noch lebendigen germanischen Rechts darstellte (Andreas Heusler, Eugen Huber). Dies führte zu intensiverer Beschäftigung mit den mittelalterlichen Jahrhunderten vor der schweizerischen Staatswerdung. Auch römisches Altertum (Felix Staehelin) wie Urgeschichte (Albert Jahn) durften mit allgemeinem wie »antiquarischem« Interesse rechnen.

Mit dem 20. Jahrhundert zeichnete sich ein deutlicherer Ansatz zu Wirtschafts- und Sozialgeschichte ab (William Rappard, Eduard Fueter), der aber in den dreißiger Jahren wieder versandete (»geistige Landesverteidigung«). Erst in neuester Zeit wird hier aufgeholt, und zwar für alle Epochen, stark beeinflußt von französischen und angelsächsischen Vorbildern. Desgleichen ist man seit etwa zwanzig Jahren an die intensive Durchforschung der Geschichte des Bundesstaates gegangen (Hans von Greyerz), und es wird zeitgeschichtlichen Problemen mehr Aufmerksamkeit gewidmet.

Die Geschichte der Schweiz ist trotz der Kleinheit des Raums relativ schwierig zu erfassen, da sie auch heute noch Geschichte von mehr als einem Viertelhundert von kantonalen bzw. regionalen Geschichtsabläufen darstellt, die über 1848 hinaus die Priorität beanspruchen.

Es wird recht viel auf kantonalem Gebiet gearbeitet, doch verfügen nur wenige Kantone über Darstellungen, die den heutigen Ansprüchen genügen (Zusammenstellung im »Handbuch der Schweizer Geschichte«, I, S. 672 und ausführlich S. 562 f.). Der föderalistischen Struktur des Landes entsprechend, existiert kein zentrales Institut für schweizergeschichtliche Forschung. So ist sie von der Initiative der sieben Universitäten (die wiederum recht kantonal ausgerichtet sind), der Archive und privater Tätigkeit abhängig. Die Kompliziertheit der historischen Zusammenhänge, ihre relative Sonderart als Geschichte von Republiken sowie sprachliche Schwierigkeiten führen dazu, daß Schweizergeschichte vornehmlich die Sache von gebürtigen Schweizern geblieben ist. Eine gewisse Gefahr liegt dabei darin, daß die Geschichte dieses Landes oft zu wenig in ihren Bezügen zur allgemeinen Geschichte betrachtet wird. Das Problem des »Sonderfalls Schweiz« stellt sich auch für deren Geschichtsschreibung.

Den heutigen Stand der Forschung halten zwei größere wissenschaftliche Unternehmen fest: Das »Handbuch der Schweizergeschichte« (1972/1977) und die »Geschichte der Schweiz und der Schweizer« (1982/1983), welch letztere gleichzeitig in den drei Landessprachen erschienen ist, was bis jetzt bei keiner historischen Darstellung der Schweizer Geschichte der Fall gewesen ist.

## 1. Gesamtdarstellungen

Geschichte der Schweiz und der Schweizer, 3 Bde., Basel 1982/1983, 2. Auflage 1986 (richtet sich an ein allgemeines Publikum).

Handbuch der Schweizer Geschichte, 2 Bde., Zürich 1972/1977 (wissenschaftlich grundlegend).

Handbuch der europäischen Geschichte, Hg. Theodor Schieder, Stuttgart 1968 ff. (enthält jeweils einen Abschnitt über die Schweiz).

Johannes Dierauer, Geschichte der schweizerischen Eidgenossenschaft, Bd. 1²−5², Gotha 1919 bis 1922 [bis 1848]; Bd. 6¹ [bis 1874] von Hans Schneider, Zürich 1931 (klassische Darstellung).

Edgar Bonjour, Geschichte der schweizerischen Neutralität, Bd. 1−6, Basel 1965 bis 1970 (Schwergewicht auf dem 20. Jahrhundert).

Hans Conrad Peyer, Verfassungsgeschichte der alten Schweiz, Zürich 1978 (vortreffliche Gesamtschau).

Jean-François Aubert, Petite Histoire constitutionelle de la Suisse, Berne 1974 (kluge Analyse der Verfassungsgeschichte von 1798 an).

Eduard His, Geschichte des schweizerischen Staatsrechts [1798 bis 1914], Bd. 1–3, Basel 1920, 1929, 1938 (sehr reichhaltig).

Cyril Hegnauer, Das Sprachenrecht der Schweiz, Zürich 1947 (auch historisch ergiebig).

Hermann Weilemann, Die vielsprachige Schweiz, Basel 1925 (geht bis 1848).

Robert Schläpfer (Hrsg.), Die viersprachige Schweiz, Zürich 1982 (vornehmlich sprachwissenschaftlich).

Erich Gruner, Die Parteien der Schweiz, Bern (ein Stück Geschichte des Bundesstaates) 2. Auflage 1977.


## 2. Sozial- und Wirtschaftsgeschichte

Jean-François Bergier, Die Wirtschaftsgeschichte der Schweiz von den Anfängen bis zur Gegenwart, Zürich 1983 (allgemeine Übersicht aufgrund der neuesten Forschung).

Albert Hauser, Schweizerische Wirtschafts- und Sozialgeschichte, Erlenbach-Zürich 1961 (erste Übersicht).

Walter Bodmer, Die Entwicklung der schweizerischen Textilwirtschaft im Rahmen der übrigen Industrien und Wirtschaftszweige, Zürich 1960 (materialreich).

W. Bickel, Bevölkerungsgeschichte und Bevölkerungspolitik der Schweiz, Zürich 1947 (grundlegend).

Markus Mattmüller, Bevölkerungsgeschichte der Schweiz, Teil I, Die frühe Neuzeit 1500–1700, 2 Bde., Basel 1987 (nach moderner demographischer Methode).

Erich Gruner, Die Arbeiter in der Schweiz im 19. Jahrhundert, Bern 1968.

ders. (Hrsg.), Arbeiterschaft und Wirtschaft in der Schweiz 1880–1914, 3 Bde., Zürich 1987/1988 (umfassende Darstellung der sozialen Lage, der Organisation und des Verhältnisses zu Arbeitgebern und Staat).

Mario König, Hannes Siegrist, Rudolf Vetterli, Warten und Aufrücken, Die Angestellten in der Schweiz 1870–1950, Zürich 1980 (erste historische Analyse).


## 3. Kultur- und Mentalitätsgeschichte

Dietrich Schwarz, Die Kultur der Schweiz, Zürich 1967 (Übersicht mit Literatur).

Emil Ermatinger, Dichtung und Geistesleben der deutschen Schweiz, München 1933 (umfassend).

Alfred Berchtold, La Suisse Romande au cap du 20 siècle, Lausanne 1963 (literarisch und sehr reichhaltig).

Die Kunstdenkmäler der Schweiz, Basel 1927 ff. (in vielbändigen kantonalen Monographien).

Kunstführer durch die Schweiz, 5. Aufl., 3 Bde., Bern 1971/1976/1982 (heutiger Stand, sehr ausführlich).

Richard Weiss, Volkskunde der Schweiz, 2. Aufl., Zürich 1978 (grundlegend).

Richard Feller/Edgar Bonjour, Geschichtsschreibung der Schweiz, 2 Bde., Basel 1962 (biographisch).

Beatrix Mesmer, Ausgeklammert/Eingeklammert, Frauen und Frauenorganisationen in der Schweiz des 19. Jahrhunderts, Basel 1988 (erste historische Analyse).

Rudolf Pfister, Kirchengeschichte der Schweiz, 3. Bde., Zürich 1964–1984 (Übersicht für beide Konfessionen).

Urs Altermatt, Katholizismus und Moderne. Zur Sozial- und Mentalitätsgeschichte der Schweizer Katholiken im 19. und 20. Jahrhundert, Zürich 1989 (erste historische Analyse).

Ulrich Im Hof, Mythos Schweiz, Identität – Nation – Geschichte 1291–1991, Zürich 1991 (historische Dimension der nationalen Identität).


## 4. Lexika, Bibliographien und allgemeine Hilfsmittel

Historisch-biographisches Lexikon der Schweiz, 7 Bde., Neuenburg 1921 bis 1934 (grundlegendes Nachschlagewerk).

Schweizer Lexikon 91, Luzern 1991

Historisches Lexikon der Schweiz / Dictionnaire Historique de la Suisse / Dizionario Storico della Svizzera (in Vorbereitung)

Erich Gruner/Karl Frei u. a., Die schweizerische Bundesversammlung 1848 bis 1920, 2 Bde., Bern 1966 (Biographien der Ratsmitglieder, sehr umfassend).

Statistisches Jahrbuch der Schweiz, Basel 1891 ff. (erscheint jedes Jahr).

Bibliographie der Schweizergeschichte, Zürich 1912/13 ff. (ausführlich, erscheint jedes Jahr).

Bibliographie der Schweizer Presse, Hg. Fritz Blaser, 2 Bde., Basel 1956/1958.

Historischer Atlas der Schweiz, Hg. Hektor Ammann/Karl Schib, 2. Aufl., Aarau 1958 (Schwergewicht auf dem Mittelalter).

Politisches Jahrbuch der Schweizerischen Eidgenossenschaft, Hg. Carl Hilty, Bern 1886 bis 1909, Hg. Walther Burckhardt, Bern 1910 bis 1917 (mit Jahresübersicht).

Die Schweiz, ein nationales Jahrbuch, Hg. Neue Helvetische Gesellschaft, 1930 ff. (Jahreschronik bis 1954).

Année politique suisse/Schweizerische Politik, Hg. Peter Gilg u. a., Bern 1965 ff. (systematische und umfassende Jahresübersicht).

Die Schweiz vom Bau der Alpen bis zur Frage nach der Zukunft, Ex Libris Verlag, 1975 (allgemeines Nachschlagewerk).

Geschichtsforschung in der Schweiz/L'histoire en Suisse, Basel 1992 (Bilanz und Perspektiven bis 1991).

*Kaspar von Greyerz*

# Nachwort

Auch in den neunziger Jahren des 20. Jahrhunderts blieb die Schweiz hinsichtlich ihrer Öffnung gegenüber dem sich seit der Wende von 1989 immer enger zusammenschließenden Europa in zwei Lager gespalten, wobei das Ergebnis einer Volksabstimmung vom März 2001 über den Zeitpunkt von Beitrittsverhandlungen mit der Europäischen Union dem Lager derjenigen, welche in einer weiteren politischen Annäherung an Europa die Souveränität, Neutralität und Integrität des kleinen Alpenlandes gefährdet sehen, neuen Auftrieb verliehen hat.

Geschichtsschreibung ist keine Zukunftswissenschaft. Dennoch ist es nicht vermessen vorauszusagen, daß auch im beginnenden 21. Jahrhundert die Frage des Verhältnisses der Eidgenossenschaft zu Europa und zur UNO auf der gesamtschweizerischen Ebene weiterhin zu den wichtigen Geschäften der politischen Tagesordnung gehören wird. Die entsprechende Tendenz zur Lagerbildung des letzten Jahrzehnts wird damit in das neue Jahrtausend hinein fortgeschrieben werden. Es wird sich dabei unter anderem zeigen, ob im Nachhinein die ungünstige Wirtschaftslage der 1990er Jahre mit einer für schweizerische Verhältnisse sehr hohen Arbeitslosenquote, die 1997 in einem Jahresdurchschnitt von 5,2 Prozent kulminierte, als ein zusätzlicher, Abschottungstendenzen begünstigender Faktor bezeichnet werden kann. Im Gegenzug hat allerdings die seither wieder erheblich günstigere Beschäftigungslage keine grundlegend neue Stimmung der Weltoffenheit zur Folge gehabt.

Zu der sich aus der Sicht Ulrich Im Hofs abzeichnenden Herausbildung von »zwei Eidgenossenschaften« im Sinne des Entstehens zweier in der Frage der Öffnung der Schweiz gegensätzlicher Lager, gesellte sich im letzten Jahrzehnt außerdem im selben Kontext ein wachsender Gegensatz zwischen einer deutlich europafreundlicheren französischsprachigen Schweiz und einer mehrheitlich, wenngleich keineswegs einheitlich an der Bewahrung des Status quo interessierten Deutschschweiz. Volksabstimmungen mit jeweils negativem Resultat der Jahre 1992 (über eine schweizerische Mitgliedschaft im Europäischen Wirtschaftsraum [EWR]) und 1994 (über die Rekrutierung von Blauhelmkontingenten für die UNO) offenbarten unmißverständlich die erneute politische Aktualität alter, vor allem in unterschiedlichen Sprachkulturen und

Mentalitäten begründeter Gegensätze zwischen den verschiedenen Landesteilen.

Im Laufe der 1990er Jahre boten zwei Anlässe mit freilich völlig unterschiedlicher Ursache Gelegenheit zum Nachdenken über die nationale Geschichte des 19. Jahrhunderts und die der Zeit des Zweiten Weltkriegs. Gerichtliche Klagen ehemaliger Häftlinge von Konzentrationslagern und von Nachkommen jüdischer Opfer des Nationalsozialismus gegen schweizerische Banken in der Frage der Behandlung sog. nachrichtenloser Vermögen, die 1998 in den USA in einem gerichtlichen Vergleich zum Abschluß gelangten, führten in breiten Schichten der Bevölkerung zu einer lebhaften und nicht spannungsfreien Auseinandersetzung mit der seit den 1950er Jahren zunehmend zu einem Mythos verkommenen Vorstellung eines untadeligen Verhaltens der Eidgenossenschaft in der schwierigen Zeit des Zweiten Weltkriegs. Im Zuge dieser öffentlichen Diskussion geriet namentlich die schweizerische Flüchtlingspolitik der frühen 1940er Jahre ins Kreuzfeuer der Kritik. Die inzwischen erfolgte kritische Aufarbeitung derselben läßt heute neben keineswegs zu verkennenden positiven Aspekten insbesondere die engherzige, wenig humanitäre Haltung zahlreicher damals Verantwortlicher und im Einzelfalle deren antisemitische Vorurteile in einem deutlichen Licht erscheinen. Die Resonanz des Jubiläumsjahres 1998 (500 Jahre Anerkennung der Unabhängigkeit der Eidgenossenschaft im Westfälischen Frieden, 200. Jahrestag des Umbruchs von 1798, 150 Jahre schweizerischer Bundesstaat) – Anlaß auch zur neuen historischen Beschäftigung mit diesen drei Marksteinen der schweizerischen Geschichte – blieb dagegen weitgehend auf die Bildungsschichten beschränkt.

Trotz der betont eigenständigen Rolle der Schweiz innerhalb Europas hat die Globalisierung keineswegs an den Landesgrenzen Halt gemacht. Zusammenschlüsse von Firmen auf dem Binnenmarkt kennzeichnen seither das sich verändernde Gesicht der schweizerischen Wirtschaft. Die nach wie vor besondere europapolitische Rolle des Landes kontrastiert in wachsendem Maße mit der weiterhin zunehmenden internationalen Vernetzung namentlich im Bankwesen, in der Pharma-Industrie und im Bereich der Medien.

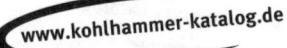

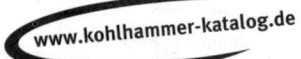